ter

VORWORT

Über 15 Jahre lang haben Claudia Look-Hirnschal und ich Fragen der Hörer am „Grünen Telefon“ beim „MDR THÜRINGEN Das Radio“ im Landesfunkhaus Erfurt beantwortet. Bei jedem „Grünen Telefon“ stellten die Hörer zwischen 25 und 40 Fragen, im Schnitt also etwa 30 Fragen. So sammelten sich rein statistisch gesehen in 180 Sendungen „Grünes Telefon“ beachtliche 5 400 Fragen, die wir uns bemüht haben, zu beantworten. Während Claudia mit ihrer bekannten wohlklingenden Stimme im Zwiegespräch mit dem jeweiligen Moderator ausgewählte Fragen im Studio beantwortete und damit viele Gartenfreunde im Einzugsbereich des Senders erreichte, fiel mir der Part zu, die Fragen direkt am Telefonhörer zu beantworten.

Hierzu muss man wissen, dass eine Mitarbeiterin der Serviceabteilung die Fragen zunächst aufzeichnete und ich dann die Fragesteller anwählte. Das hatte unter anderem den Vorteil, dass ich noch Zeit für die ein oder andere Recherche hatte. Viele Hörer sind ja der Meinung, dass ein Gärtner über alle Sachgebiete des Gartenbaus Bescheid weiß! Mitnichten. Die Zeit von Leonardo da Vinci, dem Universal-Genie, sind vorbei. Ich denke da nur an die Mediziner mit ihren vielen Fachrichtungen. Es gibt Kinderärzte, Kardiologen, Chirurgen und so weiter. Es wäre deshalb auch vermessen, zu behaupten, auf allen Fachgebieten des Gartenbaus wie Obst-, Gemüse- und Zierpflanzenbau aus dem Stegreif perfekte Antworten geben zu können. Zudem wir beim „Grünen Telefon“ nicht nur Fragen rund um den Garten abdeckten, sondern auch das Spektrum der Kübel- und Zimmerpflanzen.

„In etwa 180 Sendungen konnten wir über 5 000 Fragen beantworten.“

Für das Grüne Telefon kam mir meine langjährige Erfahrung als ega-Parkleiter zu Gute. Der ega-Park ist ein direkter Nachbar zum Funkhaus des MDR im Südwesten der Stadt Erfurt. Es ist einer der größten Gartenparkanlagen Deutschlands und steht für die Gartenbautradition in Thüringen. Die unterschiedlichen Anlagen und die

► Der Autor Horst Schöne sitzt am Telefon auch gerne im Grünen.

Pflanzenschauhäuser verlangten mir ein entsprechendes Fachwissen ab. Und dennoch, man lernt nie aus: Die Gespräche am Telefon mit den Fragestellern ermöglichten mir nämlich, nicht nur Hilfe- und Unterstützung zu geben, sondern ich war und bin auch dankbar für Ratschläge und Hinweise aus der unmittelbaren Gartenpraxis. Über Gehölzschnitt habe ich beispielsweise schon viele Seminare gehalten und versucht, den jeweils optimalen Schnittzeitpunkt zu vermitteln. Einige Gartenfreunde haben ihre eigenen Erfahrungen gesammelt, zu anderen Zeitpunkten geschnitten und trotzdem erfolgreich gegärtnert. Gerade solche Telefongespräche führte ich mit großer Freude. Und mir lag viel daran, dass unser vermitteltes Wissen die Pflanzen wieder auf die Erfolgsspur brachte. Es tat gut, wenn die Gartenfreunde sich für die Hinweise bedankten.

Übrigens: Eine Besonderheit war das „Grüne Bustelefon", das ich in über 45 Gartenreisen als botanischer Reiseleiter meinen mitreisenden Garteninteressenten anbot. Davon wurde rege Gebrauch gemacht und dieser Sonderservice wurde sehr geschätzt.

▸ Claudia Look-Hirnschal und Horst Schöne zum Tag der offenen Tür 2010 im Landesfunkhaus Erfurt.

Mittlerweile freue ich mich über meine „Fan-Gemeinde" und viele Namen und Stimmen klingen mir seit Jahren vertraut. Oft kommt es vor, dass zunächst eine Frage gestellt wurde, dann aber aus dem Gespräch heraus die eine oder andere Frage andockte. Deshalb ist es an der Zeit, das Gartenwissen zum Nachlesen zusammenzufassen: In diesem Buch stehen pro Monat rund 20 Fragen, die mir für das Allgemeininteresse am wichtigsten erschienen. Die vielen Fragen aus 17 Jahren „Grünes Telefon" habe ich monatsweise geordnet. So kommen immerhin 228 Fragen und Antworten rund um den Garten und den Wohnbereich zusammen. Besonders wertvoll sind in jedem Kapitel die jahreszeitlichen Pflanzen-Porträts und die persönlichen Geschichten, die noch von Claudia Look-Hirnschal zusammengestellt und erzählt wurden.

Seit Januar 2018 schultere ich nun allein das „Grüne Telefon", da Claudia nach langer schwerer Krankheit Anfang 2018 verstorben ist. Dieses Buch ist deshalb auch ein Stück Erinnerung an eine ganz besondere Frau, die neben dem MDR Garten auch das „Grüne Telefon" maßgeblich geprägt und von Anfang an mit gestaltet hat. Wenn dieses Buch ein erfolgreicher Ratgeber für viele Gartenfreunde wird, hätte sicherlich auch Claudia Look-Hirnschal viel Freude daran.

DAS ERWARTET SIE

Die Fragen sind saisonal geordnet. Wir haben die am häufigsten gestellten Fragen, aber auch ganz besondere Fragen heraus gesucht. Abgerundet mit einem Einblick in den Garten von Horst Schöne – faszinierend, wie anders der Garten jeden Monat aussieht. Außerdem sind die Kapitel mit Anekdoten von Claudia Look-Hirnschal gewürzt. Zum schnellen Finden einer Pflanze oder eines Sachbegriffes schauen Sie am besten im Stichwortverzeichnis auf Seite 200 nach.

„Gartenruhe ist keine echte Pause. Drinnen schon gar nicht.“

JANUAR

Im Januar ist Zeit …

… für eine gedankliche Vorbereitung auf die neue Gartensaison, eventuelle Veränderungen planen

… um Kataloge zu wälzen, Saatgut und Dünger zu bestellen und so weiter

… um Insekten-freundliche Pflanzen zu bestellen

… für den Besuch von Gartenmärkten. Eventuell den Besuch von Gartenschauen planen; auch Gartenreisen können jetzt vorbereitet werden

… um Werkzeug in Ordnung zu bringen (Spaten, Scheren und Ähnliches schärfen und mit leichtem Ölfilm versehen, Rasenmäher auf Vordermann bringen)

… um bei „offenem Wetter" (frostfrei) Kompost umzusetzen

… immergrüne Pflanzen bei offenem Wetter zu gießen

… Gründüngungspflanzen bis spätestens Ende Januar unterzugraben (Phacelia, Weißklee, Luzerne). Ist der Boden gefroren, die Reste auf den Kompost geben

… für die Ernte von Grün- und Rosenkohl

… für die Kontrolle der Kübelpflanzen im Winterquartier (Schädlingsbefall, Trockenheit, ggf. Ausputzen und vertrocknete Blätter entfernen)

… um einen Blick auf den „Giftschrank" zu werfen und abgelaufene Pflanzenschutzmittel beim „Sondermüll" abzugeben

… bei Schneefall bzw. Raureif den Rasen so wenig wie möglich zu betreten

… für Drinnen: Azaleen lassen sich am besten durch Tauchen der Töpfe in abgestandenes, lauwarmes Wasser feucht halten

… für Drinnen: Blattschmuckpflanzen mit panaschiertem Laub nicht zu dunkel stellen

Zurücklehnen und mit Vorfreude auf die neue Gartensaison blicken.

Welche Temperatur benötigt die Avocado-Pflanze? Trotz des kühlen Flures werden die Blätter immer dünner ...

Solange die Avocado-Pflanze händelbar ist, ist eine Freilandkultur von Mai bis Oktober/November möglich, und eine anschließende Überwinterung ist in hellen und kühlen Räumen empfehlenswert. Nur gibt es leider irgendwann auch mal einen Schlusspunkt, den die Größe der Pflanze bestimmt. Trotzdem finde ich den Enthusiasmus, mit denen viele Gartenfreunde unterwegs sind, mehr als lobenswert!

Ob Urlaubsmitbringsel oder selbst gezogene Pflanze: Viele Gartenfreunde sind sehr experimentierfreudig und versuchen sich in der Kultur von Exoten. Avocado zum Keimen zu bringen, scheint relativ einfach und angesichts der schwergewichtigen Kerne auch verlockend, eine solche Pflanze großzuziehen.

Die Fragen am „Grünen Telefon" richteten sich deshalb weniger nach der Kultur im Anfangsstadium, sondern betreffen eher die Weiterkultur. Einige Avocado-Pflanzen von Zuhörern hatten es schon auf stattliche Höhen von über einem Meter gebracht, aber nun? Wann blühen und fruchten diese Pflanzen? Ich habe mich dann oft in diesen Situationen als Zahnarzt gefühlt, da ich den Funken Hoffnung für eine erfolgreiche Weiterkultur, also den „Zahn", ziehen musste.

„Die Größe der Pflanze bestimmt oft das Ende der Kultivierung."

Bei der Kamelie fallen Blätter und Knospen ab, warum? Im Sommer stand sie draußen, nun im Winter lebt sie im Hausflur.

Kamelien gehören wegen der perfekten Blütenform und der Vielfalt der Blütenfarben zu den schönsten Winterblühern. Bei vielen Gartenfreunden ist der Standort in der Wohnung der begrenzende Faktor, um sich an ihrer Schönheit erfreuen zu können. Knospenwurf, Blattfall und -verfärbungen sowie Schädlingsbefall sind Hauptbestandteil der Fragen am „Grünen Telefon". Eigentlich bietet nur der kühle Wintergarten ideale Bedingungen für ein tolles Blütenerlebnis. Hausflure, Schlafzimmer, Kellerräume und Bodenkammern bieten oft zu wenig Licht und zu hohe Temperaturen. Und dann ist da noch die Wasserversorgung, für die gärtnerisches Fingerspitzengefühl gefragt ist. Die Temperatur des Wassers muss angepasst sein und nie darf zu viel oder zu wenig gegossen werden. Gut, wer mit lauwarmen Regenwasser gießen kann.

Der Knospenfall erfolgt meist drinnen bei Temperaturen über 15 °C. Für eine Freilandkultur ab April oder Mai an einem Gartenplatz mit lichtem Schatten sind die Kamelien sehr dankbar. Dort können sie sich von den Strapazen der Überwinterung erholen. Werden die Zweige zu sparrig, kann beim Ausräumen aus dem Winterquartier ein leichter Rückschnitt erfolgen. Mehrfaches Düngen mit einem Spezialdünger bis Ende Juli veranlasst Blatt- und Knospenbildung. Die Pflanzen können dann bis zum Eintreten größerer Fröste im Freien verbleiben.

Wer keine Möglichkeiten hat, die Kamelien im Wohnbereich zum Blühen zu bringen oder erfolgreich zu überwintern, sollte es, wie ich selbst, mit einer Dauerkultur im Garten versuchen: Wenn der Standort stimmt (bei Kalkboden mit Weißtorf oder Rhododendron-Erde verbessern!) und in gefährdeten Lagen Winterschutz bei stärkeren Frösten bereitgehalten wird, können die Kamelien in Zeiten des Klimawandels eine besondere Rolle spielen und im Winter draußen gut überleben.

Auf den Obstgehölzen habe ich graue Gebilde entdeckt, was ist das?

Seit einigen Jahren gibt es kaum ein „Grünes Telefon“, wo nicht die Frage nach der sprunghaften Zunahme von Algen und Flechten an Gehölzen gestellt wird. Viele Gartenfreunde wirken verunsichert und wissen nicht, wie sie gegensteuern können. Zumal eine eventuelle Ertragseinbuße an Obstgehölzen sowie ästhetische Probleme an Ziergehölzen unbeantwortet im Raum stehen.

Zunächst kann ich beruhigen: Der zunehmende Befall liegt auch an der besseren Luftqualität. Da Flechten keine Schmarotzer sind (wie die Mistel) und nur oberflächlich Äste befallen, können verängstigte Gartengeister beruhigt werden, da durch die Flechten keine Schäden entstehen können. Bei Obstgehölzen und Beerensträuchern empfehle ich regelmäßig Schnittmaßnahmen durchzuführen, da der damit verbundene Neuwuchs nicht gleich mit Flechten besiedelt wird. Ein Abbürsten von Stämmen und dicken Ästen mit einer weichen Bürste wäre eventuell zu empfehlen.

Das Gleiche gilt für die meisten Ziergehölze, die in den Frühjahrs- oder Sommermonaten gut geschnitten werden können. Nur bei den selteneren Ziergehölzen wie Zaubernuss, Blumenhartriegeln und einigen Magnolien, die in der Regel nicht geschnitten werden müssen, wirken die Flechten störend, zumindest für mich selbst. Meine Zaubernuss bekommt daher mindestens einmal im Jahr eine Sonderbehandlung, indem ich mit der Hand die Flechten abstreife. Bei einem meiner Blumenhartriegel, der Sorte „China Girl“, welche starken Flechtenbefall aufweist, ist diese Methode kaum anwendbar, weil sie so dicht verzweigt ist. Hier muss ich es mit einem vorsichtigen Sommerschnitt probieren.

Algen besiedeln gern die Stämme von verschiedenen Laubbäumen. Sie befinden sich oft an der Wetterseite der Bäume, mit üppigen Braun- bzw. Rotverfärbungen. Da kann man nur sagen, unsere Baumwelt wird ohne Schaden zu nehmen ein wenig „bunter“ – warum auch nicht?

Der Januar im Garten Schöne

GEDANKEN ZUM START IN EIN NEUES GARTENJAHR

Der Januar ist der Monat der großen Erwartungen. Man sortiert sich und lässt das alte Jahr Revue passieren. Neue Pläne werden geboren, Kataloge studiert und Gartenreisen in Angriff genommen. In meinem Garten verzaubert ab und an Raureif die Gräser, Stauden und Gehölze. Wenn Schnee fällt – was leider immer mehr zu den selteneren Ereignissen zählt – ist das ein besonderes Erlebnis mit traumhaften Gartenbildern.

Aber auch ohne Schnee und Raureif lädt der Garten zu interessanten Besuchen ein, da sich hier viele winter- bzw. immergrüne Stauden und Gehölze tummeln. Den Garten bewusst so gestalten, dass er auch im Winter attraktiv und lebendig ist, versuche ich immer wieder in Vorträgen, aber auch am Grünen Telefon, zu vermitteln. In meinem Garten habe ich die Staudenbeete bewusst mit einer Buchsbaumhecke eingegrenzt. Diese „grüne Schlange" ist im Winter ein unverzichtbares Gestaltungselement. Lehrgeld habe ich insofern allerdings schon mehrfach bezahlen müssen, da ich die Buchsbäume zu eng gepflanzt habe und Pilzerkrankungen drohten, den gesamten Bestand zu vernichten. Nach vielen Experimenten habe ich eine Lösung gefunden, mit der man leben kann: Wenn die Krankheit wie so oft im Spätsommer auftritt, werden die befallenen Stellen zurückgeschnitten und mit einem Mix aus Gesteinsmehl und Algenkalk eingestäubt. Vorbeugend sprühe ich Milch mit Wasser im Verhältnis 1:10. Übrigens habe ich kranke Pflanzen schon entnommen und im zweiten Garten separat gepflanzt. Innerhalb kürzester Zeit entwickelten sie einen gesunden Wuchs. Ich lasse sie ohne Schnitt wachsen, da große Buchsgehölze einen schönen Rahmen für einen Garten abgeben können.

Aber auch andere Arten des Buchsbaumes, die leider wenig verbreitet sind, finden sich bei mir im Garten wieder und schmücken den winterlichen Garten. Ob mit panaschierten Blättern, deren Triebe ich übrigens für Sträuße schneide, oder mit glänzend grünen Blättern und kaskadenähnlichen Wuchs oder kissenförmig wachsende Exemplare, sie bereichern alle den Garten im Winter. Dicht dahinter auf seiner Spur ist ihm die Stechpalme auf den Fersen, wo besonders die kleinblättrige Form von Ilex crenata große Züchtungsfortschritte gemacht hat und vielseitig einsetzbar ist. Winter- beziehungsweise immergrüne Stauden und Gräser sowie die Farne unterstützen den winterlichen Garten. Ich habe, so denke ich, versucht, dem Gartenwinter viele schöne Seiten abzuringen.

► Steingartenpflanzen im Winter (oben); panaschierter Buchs, Flaumfederfarn und der Ysander (von unten links nach rechts)

Wie überwintere ich die mediterranen Kübelpflanzen?

Den Traum vom Süden lässt uns Nordländer mit vielen mediterranen Kübelpflanzen träumen und erleben. Die Sommer mit ihren immer länger anhaltenden Hitze- und Trockenperioden scheinen uns dabei entgegenzukommen. Aber dann kommt der Winter und die Frage: Wohin mit diesen ganzen Pflanzen? Die vielen Anrufe zu diesem Thema bezeugen, dass mancher Gartenfreund oft überfordert mit der Überwinterungsproblematik ist. Einmal werden die Pflanzen immer größer und Raum und Transportprobleme nehmen zu. Wer eine Gärtnerei in der Nähe hat, die den Überwinterungsservice anbietet, dürfte keine Probleme haben, wenn er das nötige Kleingeld dazu hat.

Wenn nicht, wird es schwieriger: Denn man kauft ja irgendwie immer wieder die eine oder andere Pflanze zu, weil man der Verführung einer wunderschönen blühenden Kübelpflanze nicht widerstehen kann. Folglich müssen immer mehr Pflanzen durch den Winter gebracht werden. Frostfreie und helle Garagen oder Bodenräume, aber auch Hausflure und dunkle, kühle Keller müssen herhalten und den Kompromiss zwischen idealen und eher schlechteren Bedingungen vermitteln. Für die meisten Kübelpflanzen wie Oleander, Oliven, Feigen, Zylinderputzer etc. gilt „hell und kühl" als Faustregel. Was oft vergessen wird, sind regelmäßige Kontrollen nach Schädlingen, gelegentliches Ausputzen von braunen Blättern sowie temperaturangepasstes Gießen. Einige Arten können bereits beim Einräumen zurückgeschnitten werden, wie zum Beispiel die Engelstrompete, wo dadurch viel Platz gespart werden kann. Hier fällt auch immer beim Oleander die Entscheidung schwer, ob und in welcher Form der Rückschnitt erfolgen soll. Eine Verjüngung der Pflanzen ist bei älteren Pflanzen sinnvoll. Schrittweises Entfernen von Basistrieben ist immer einem radikalen Rückschnitt vorzuziehen, da die Blüte dann immer meist ausbleibt.

Als eine der am häufigsten kultivierten Kübelpflanzen stellen sich beim Oleander auch Blattkrankheiten wie der „Oleander-Krebs" ein, besonders dann, wenn die Bedingungen für die Überwinterung nicht optimal waren. Hier hilft in der Regel nur ein Ausschneiden der betroffenen Triebe. Auch dem Lichtbedürfnis der Oleander im Winter sollte entsprechend Rechnung getragen werden.

Meine Clivien treiben nur Blätter und keine Blüten, was ist zu tun?

Clivien haben in ihrer Beliebtheitsskala oft ein Hoch und Tief erlebt. Sie zählen aber nach wie vor zu den beliebtesten Zierpflanzen, wegen ihrer Anspruchslosigkeit und der schönen Blüte. Die Frage, warum die Clivie nicht blüht oder warum die Blüten stecken bleiben, werden sehr häufig gestellt und lassen auf Fehler der Kultur schließen. Dass Clivien im Winter etwa 10 Wochen bei 10 bis 15 °C gehalten werden sollten, erleichtert oft die Wahl des Standortes bei der Überwinterung. So fühlen sich die Clivien im hellen Bodenraum sehr wohl und blühen dort üppig.

Von Mai bis Oktober wäre eine Freilandkultur im lichten Schatten wünschenswert. Selbst im nicht blühenden Zustand sind sie zum Beispiel in Höfen eine Zierde, wenn sie gut platziert werden. Eindrucksvolle Pflanzenerlebnisse konnte ich auf einem alten Gut auf Mallorca ebenso erfahren wie die Faszination großer Gruppenpflanzungen im „Tropical Garden Monte" auf Madeira. Ihre Anspruchslosigkeit verleitet viele Gartenbesitzer, sie oft jahrzehntelang im Topf zu belassen. Ich habe es selbst erlebt, wie dankbar Clivien nach vorsichtiger Teilung sind, wenn sie in ein strukturstabiles Substrat umgetopft werden. Die Verwendung einer guten Kübelpflanzenerde unter Zusatz von Lehm wird hier empfohlen.

Was kann man gegen die kleinen schwarzen Fliegen an Zimmerpflanzen tun?

Dabei handelt es sich um Trauermücken, die in Larvenform oft über die Blumenerden eingeschleppt werden. Wenn Zimmerpflanzen im Freien übersommern, besteht auch die Möglichkeit, dass Trauermücken beziehungsweise deren Larven mit in den Wohnbereich gelangen. Oft zeigen sich dann beim Gießen viele lästige schwarze, kleine Fliegen. Diese treten gehäuft besonders in Blumentöpfen bei sehr feuchten Substraten mit hohem Torfanteil auf. Vorbeugend empfiehlt es sich, das Substrat immer an der Oberfläche aufzulockern, damit es gut abtrocknet. Eine Abdeckung der Blumentöpfe mit einer dünnen Schicht feinen Sandes kann dabei ebenso hilfreich sein.

Bei akutem Befall können Gelbsticker beziehungsweise Gelbtafeln zum Einsatz kommen. Auch Streichhölzer mit dem Kopf nach unten in die Erde gesteckt können durch die Schwefelbestandteile Wirkung zeigen. Bei größerem Befall lohnt sicher ein Umtopfen in eine gute Zimmerpflanzenerde.

Wie pflege ich meine Orchideen im Winter?

In den Wintermonaten ist die Orchideenpflege ein großes Thema. Dabei spielen Schädlingsbefall und kulturtechnische Daten eine Rolle, zum Beispiel: Wie oft soll man gießen, wann muss umgetopft werden, warum vertrocknen Blüten?

Die Orchideen, besonders die Phalaenopsis, gehören mittlerweile zu den am meisten produzierten Zierpflanzen weltweit. Wenn auch der einstige Mythos der Pflanzengruppe durch die Massenproduktion langsam verschwunden ist, hat die Faszination der Orchideen nicht gelitten, gerade durch die vielen Neuzüchtungen, die auch unter Zimmerbedingungen kultiviert werden können.

„Die neuen Züchtungen der Orchideen sind atemberaubend."

Optimale Kulturbedingungen schränken Schädlingsbefall ein oder verhindern ihn gar. Mit Beginn der Heizungsperiode wird das schwieriger, denn die trockene Luft macht vielen Pflanzen zu schaffen und erhöht den Befallsdruck durch Schädlinge. Gegen Wollläuse, die verstärkt auftreten, gibt es ein einfaches Hausmittel: Spiritus und Wasser werden zu gleichen Teilen in ein kleines Schälchen gegeben, um dann mit einem Wattestäbchen die Schädlinge zu betupfen. Die Wollläuse lösen sich meist gut auf und können somit leicht entfernt werden. Mit den Wattestäbchen kann man gut in die Blattachseln und an die Blattunterseite gelangen, wo sich die Schädlinge meist gehäuft aufhalten.

Schildläuse sind gut mit einer mehrfachen Behandlung von Sprays auf Rapsölbasis zu bekämpfen. Braune Knospen sind oft ein Zeichen von mangelhafter Wasserversorgung. So reicht meist ein einmaliges wöchentliches Tauchen bei den Pflanzen nicht aus, die direkt über der Heizung stehen. Wenn die Blühwilligkeit nachlässt und zu viele Luftwurzeln gebildet werden, sollte in ein gutes Orchideensubstrat umgetopft werden. Da Orchideen im Winter viel Licht benötigen, sind Süd- und Westfenster geeignet. Im Sommer sollte eine direkte Sonneneinstrahlung vermieden werden.

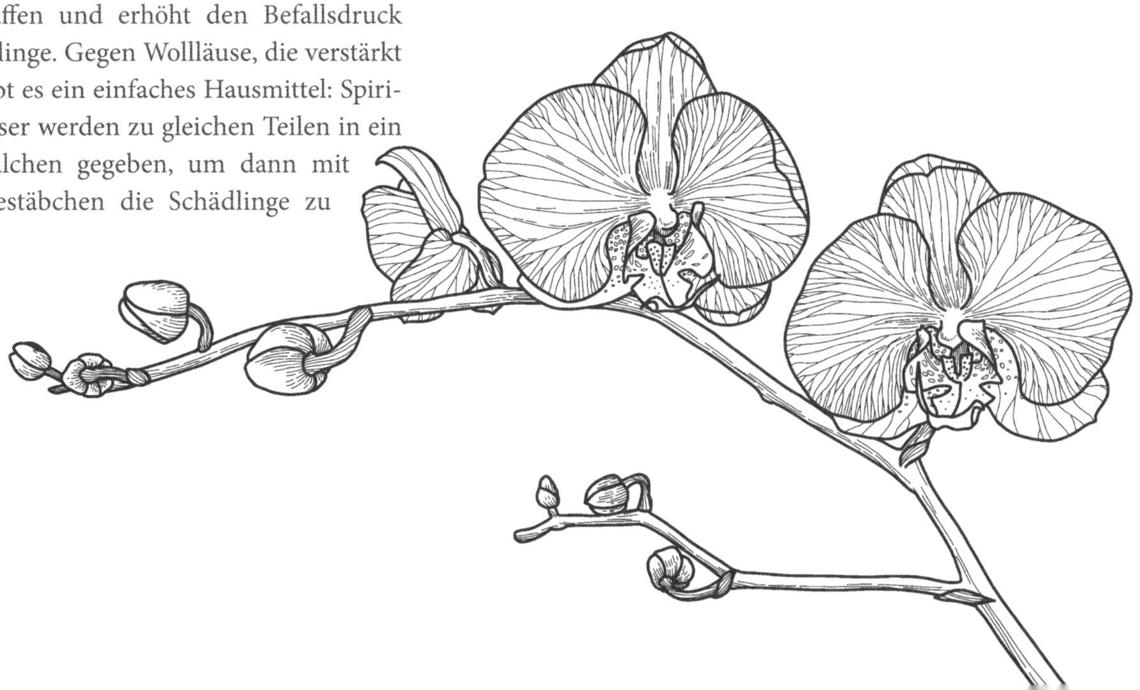

Bei der Gardenie fallen die Knospen ab, wie ist sie am besten zu kultivieren?

Gardenien gehören mit ihren perfekt duftenden Blüten schon in die Kategorie der anspruchsvolleren Pflanzen, deren Pflege gärtnerisches Können und einen geeigneten Standort voraussetzt. Wie bei Kamelien sollten die Temperaturen im Winter zwischen 10 und 15 °C liegen. Dazu sollten sie hell und möglichst sonnig stehen. Beim Gießen muss man viel Fingerspitzengefühl beweisen. Unter Verwendung lauwarmen Regenwassers ist das Substrat möglichst feucht zu halten. Empfohlen wird eine Düngung mit schwachsauer reagierenden Düngemitteln, die in jedem Gartenmarkt zu erhalten sind (zum Beispiel Ammoniumsulfat). Bitte verwenden Sie beim Umpflanzen, etwa alle drei Jahre, Azaleenerde.

Es gibt Parallelen zur Pflege von Kamelien, wobei Gardenien natürlich nicht im Freien überwintert werden können. Gardenien sind exquisite Pflanzen für anspruchsvolle Pflanzenfreunde. Bei entsprechender Pflege sorgen sie für lang anhaltende Blütenfreude.

Wie überwintere ich am besten die Dipladenien? Muss ich zurückschneiden?

Die „Newcomer“ unter den Kübelpflanzen der letzten Jahre sind zweifelsfrei die Dipladenien. Ihren kometenhaften Aufstieg verdanken sie vielen Neuzüchtungen mit ihrem enormen Blütenreichtum und ihrer während der Sommermonate anspruchslosen Kultur. Knackpunkt ist immer die Frage nach der Überwinterung und einem Rückschnitt. Dipladenien sind bei guter Wasser- und Düngeversorgung während der Saison gut wachsende Pflanzen und die eifrigen Schlinger können ohne Weiteres die Zwei-Meter-Grenze erreichen. Hier ist ein Rückschnitt beim Einräumen in das Winterquartier empfehlenswert. Überwintert werden sollten sie in einem hellen Raum bei Temperaturen zwischen 15 bis 18 °C. Auf schwankende Wasserversorgung reagieren sie mit Blattfall. Sie dürfen nie ganz austrocknen. Die Pflanze muss man ständig im Auge behalten, das schließt häufigeres Entfernen von trockenen Blättern und Trieben mit ein.

Gießen mit Regenwasser und alljährliches Umpflanzen mit Azaleenerde ist sinnvoll. Ab Mai können sie wieder ihren gewohnten Platz auf dem Balkon einnehmen. Vermeiden Sie länger anhaltende direkte Sonneneinstrahlungen. Obwohl die saisonale Kultur recht einfach ist, sind Dipladenien nicht ganz einfach über den Winter zu bekommen.

Der Rosmarin ist zum Winter vom Balkon in die Wohnung umgezogen. Warum werden jetzt die Triebe trocken und braun?

Wem liegt nicht der Geschmack der Rosmarin-Kartoffeln auf der Zunge, wenn er an eines der beliebtesten immergrünen Kräuter denkt? Dazu kommt der einmalige Duft beim Zerreiben der Blätter und die bei mehrjährig kultivierten Pflanzen sehr ansehnlichen Blüten.

Hier fällt mir eine Geschichte ein: In unmittelbarer Nachbarschaft zu unserem Grundstück spielten einige halbwüchsige Kinder Fußball, wobei zu meinem Leidwesen dieser oft über den Gartenzaun flog und bei einigen meiner Steingartenpflanzen Schäden verursachte. Mit der Mutter der Kinder kam ich schnell ins Gespräch und wir verabredeten eine Gartenbegehung gemeinsam mit den Kindern und deren Spielkameraden. Beim Rundgang erklärte ich, aus welchem Land die Pflanzen kommen, welchen Wert sie für mich haben und wie schwierig es ist, sie zu beschaffen. Alles, was an Pflanzen essbar war und gut roch, probierten die Kinder und staunten, welche Geheimnisse wir den Pflanzen entlockten. Alle waren zufrieden mit dieser Runde. Ein Ball flog nie wieder über den Gartenzaun. Daran musste ich immer denken, wenn ich Rosmarin sehe, da der Duft auch den Kindern besonders gefallen hatte.

Die im Frühjahr gekauften Pflanzen habe ich immer in Tröge oder Gefäße gepflanzt, wo sie sich bis in den Herbst gut entwickelten. Dann wurden sie zur Überwinterung erneut umgetopft und an einen hellen, kühlen Ort gestellt. Das ist bei uns das Dachgeschoss, wo Clivie und Co sich ein alljährliches „Stell Dich Ein“ geben. Das Problem besteht nur darin, dass sich der Boden in der zweiten Etage befindet und da kann es schon mal vorkommen, dass wir das Gießen und die Pflege zeitweilig vergessen. Wenn der Rosmarin aber im Topf nicht ständig mäßig feucht gehalten wird, vertrocknen die Triebe der Pflanze relativ schnell. Wiederbelebungsversuche sind dann zwecklos. Nach einigen Fehlversuchen habe ich mich dazu durchgerungen, Rosmarin im Garten am Standort zu belassen und mithilfe von Noppenfolie und Vlies über den Winter zu bekommen. Nur bei länger anhaltenden Frösten unter –5 °C ist diese Maßnahme erforderlich. Frostfreie Perioden im Winter bis leichter Frost wird gut vertragen und liefert immer frische grüne Zweige für die Küche.

Claudia Look-Hirnschal hat erzählt …

DER NAME DER SCHNEEGLÖCKCHEN

„Auf Französisch heißen Schneeglöckchen ‚perce neige', was so viel bedeutet, wie die, die den Schnee durchbohren. Im 17. Jahrhundert wurde das Schneeglöckchen auch das hübsche ‚Februar-Mädchen' genannt. Oder ‚Schneedurchstecher' oder auch ‚weiße Jungfrau'. Der Gattungsname Galanthus kommt aus dem Griechischen: ‚Gala' für Milch und ‚Anthos' für die Blüte, abgeleitet von der ‚Milchblume'. Die englische Bezeichnung ‚snowdrop' kommt vom deutschen Wort ‚Schneetropfen' und bezieht sich auf eine Form von Ohrringen, die im 16. Jahrhundert modern waren.

Die meisten Pflanzen blühen nicht nur in Weiß, sondern auch in Kombination mit gelben und grünen Farbabstufungen. Es gibt sogar kaum Schneeglöckchen, die reinweiß sind und gänzlich ohne grüne Zeichnungen.

Kaum vorzustellen – ich könnte 20 verschiedene Schneeglöckchenarten aufzählen: großblumige, gefüllte, stark duftende, sogar herbstblühende Schneeglöckchen. Die wachsen vor allem in der Türkei, Griechenland und auf den Ägäischen Inseln und vertragen allerdings keinen Frost.

Bei uns im Garten fühlen sie sich am wohlsten an Gehölzrändern zwischen verschiedenen Sträuchern, aber auch im Rasen, gerne mit feuchtem, frischem Boden. Wenn sie in Ruhe gelassen werden und unter guten Bedingungen leben, dann belohnen sie uns mit schönen Blütenteppichen. Wenn man größere Horste hat, kann man sie auch gleich nach der Blüte teilen und umsetzen."

Der Gummibaum am Fenster bekommt gelbe Blätter und wirft sie ab, warum?

Gummibäume, besonders bei der weitverbreiteten Birkenfeige (Ficus benjamina), haben immer Probleme mit dem Beginn der Heizungsperiode. Bei trockener Luft werfen sie gerne ihre Blätter ab. Den Blattfall kann man nicht ganz verhindern, aber zumindest einschränken. Von Heizungsnähe sollten die Pflanzen entfernt werden. Ein einmaliges Gießen pro Woche kann zu wenig sein, gerade die Birkenfeige verbraucht relativ viel Wasser, wobei es der Pflanze auch nichts ausmacht, wenn im Gegensatz zu anderen Pflanzen auch mal Wasser im Untersetzer stehen bleibt. Eine Erhöhung der Luftfeuchtigkeit im Raum und gelegentliches Besprühen der Pflanze werden dankbar angenommen. Da Gummibäume relativ gut schnittverträglich sind, kann man mit einem mutigen Rückschnitt die Pflanzen im Frühjahr wieder auf die Erfolgsspur bringen.

Mein Rasen hat viele kreisrunde Flecken, was kann man dagegen machen?

Hier handelt es sich um Pilzinfektionen, die auch unter den Namen „Schneeschimmel“ bekannt geworden sind. Ursachen sind oft milde, regenreiche Winter und dazu windgeschützte Lagen, die schlecht austrocknen, und wo sich der Pilz gut ausbreiten kann. Wird der Rasen nicht immer von Laub und so weiter befreit, leistet man der Infektion weiter Vorschub. Ein gründliches Vertikutieren im Frühjahr, verbunden mit Nachsäen und Absanden, schafft schnell Abhilfe. Gerade bei schweren, lehmhaltigen Böden wird durch öfteres Vertikutieren ein Verdichten der Grasnarbe verhindert und mindert so das Risiko einer Pilzinfektion.

Mehrere diesbezügliche Fragen gingen übrigens an die Adresse von Hunden, ob deren Hinterlassenschaften helle Flecken im Rasen verursachen können? Dieser Umstand kann natürlich auch eintreten und kann mit dem Entfernen derselben mit Rasenbesen und anschließender Düngung gut ausgeglichen werden.

Wie behandele ich meine gekauften Topf-Blumenzwiebeln, wenn sie verblüht sind?

Bereits ab Januar halten die Gartencenter und Supermärkte ein großes Sortiment an Frühjahrsblühern bereit, sodass man sich schon im Winter den Frühling ins Haus holen kann.

Viele Fragen richten sich dann nach der Weiterkultur, wenn die bunte Pracht vorüber ist. Bei den Blumenzwiebeln sind es meist die Hyazinthen, Tulpen, Narzissen, Muscari, Zwiebeliris und diverse Kleinblumenzwiebeln, deren Schicksal wir in der Hand haben. Bei offenem Wetter empfiehlt sich eine Sofortpflanzung in den Garten, die dem Verbleib im Wohnbereich überlegen ist. Die Blumenzwiebeln ziehen ihr Laub früher ein, der Zwiebelaufbau wird geschwächt und im nächsten Frühjahr kann die Blüte ausbleiben. Dann blühen sie bestimmt im darauffolgenden Jahr.

Meine Empfehlung: Bitte pflanzen Sie die Blumenzwiebeln ganz gezielt in den Garten, das gilt auch für die im Winter gekauften Frühjahrsblüher. Ansonsten entwickeln sich zwar schöne, bunte Blütenteppiche, jedoch gleitet uns die Pflege aus der Hand. Die Vermehrungsrate, gerade bei den kleinen Blumenzwiebeln, ist sehr hoch und Muscari, Scilla und Co. breiten sich schnell aus und können auch Stauden bedrängen. Auch großblumige und großblättrige Narzissen haben im Staudenbeet nichts verloren. Vor Gehölzgruppen gepflanzt oder in Rasenflächen, der dann bis Anfang Juni nicht gemäht werden kann, sind sie sehr wirkungsvoll.

Aus meiner rotblühenden Zaubernuss treibt von unten ein gelbblühender Zweig, was soll ich damit machen?

Die Zaubernüsse zaubern in der Regel im Frühjahr, oft in Kombination später Schneefälle, zauberhafte Gartenbilder und brillieren mit ihrer spektakulären Herbstfärbung. Sie werden meistens auf Hamamelis virginiana oder Hamamelis japonica veredelt. Im vorliegenden Fall ist die Unterlage durchgetrieben, wobei es sich hierbei um Hamamelis japonica handeln müsste, die gelb im Frühjahr, zur gleichen Zeit wie die rotblühende Zaubernuss blüht.

Hamamelis virginiana ist eine herbstblühende Art, die etwas bescheidener im Laub blüht. Die Empfehlung wäre, den gelbblühenden Zweig und sich eventuell wieder entwickelnde Zweige zu entfernen, da die Unterlagen oft stärker wachsen als die veredelten Sorten und diese im Wachstum beeinträchtigen oder behindern könnten.

Kann ich im Januar meine Ölweide mit ihren panaschierten Blättern aus dem Kübel in den Garten pflanzen?

Buntblättrige Ölweiden, speziell die Eleagnus pungens Maculata, sind sehr schöne immergrüne Sträucher für den Garten. In strengen Wintern können sie zurückfrieren. Es empfiehlt sich deshalb, vor Eintritt stärkerer Fröste mit einem Vlies das Gehölz mehrfach zu umwickeln. Die Frage nach der im Kübel stehenden Ölweide lässt sich so beantworten: Das Auspflanzen sollte im März oder April erfolgen. Bis dahin ist der Kübel mit einer Noppenfolie zu umwickeln und die Pflanzen sind nach Bedarf mit einem Vlies zu schützen.

„Viel zu selten sieht man buntblättrige Ölweiden im Garten.“

„Der Februar gilt
dem Winterendspurt –
und den Exoten."

FEBRUAR

Im Februar ist Zeit …

… bei Kahlfrösten immergrüne Stauden und Gehölze mit Vlies abzudecken und zu schützen

… um vorbeugend den Rasen von Laub und so weiter freizuhalten, damit sich kein Schneeschimmel bilden kann

… im Gewächshaus gegebenenfalls bei verbrauchtem Boden Erde auszutauschen

… um Steckhölzer bei offenem Boden zu schneiden und zu stecken

… gegen Wühlmausplagen Fallen aufzustellen

… robuste einjährige Pflanzen zur Weiterkultur auszusäen (Lobelien, Verbenen, Löwenmaul, Leberbalsam und Ähnliche)

… um bei Zimmerpflanzen die Luftfeuchtigkeit zu erhöhen

… um auf Schädlingsbefall zu achten

… um die Orchideenpflege im Blick zu haben: Orchideenwurzeln sind sehr empfindlich auf Salz, oft reicht die Hälfte der angegebenen Konzentration des Düngers, gelegentliches Abbrausen spült überflüssige Salze aus

… darauf zu achten: Orchideenwurzeln sind empfindlich gegen Staunässe

… zu prüfen: Orchideen wollen weder pralle Sonne noch zu dunkle Standorte

… für das Umtopfen von Orchideen: Wenn sie lose im Topf hängen, zu sehr nach oben wachsen, das Substrat die grobe Struktur verliert oder sie einen „kranken“ Eindruck hinterlassen

… um Schädlinge (Wollläuse, Schildläuse, Blattläuse, Spinnmilben) rechtzeitig zu bekämpfen

… für den Verjüngungsschnitt für Hecken bei frostfreiem Wetter; für Hainbuche, Berberitze, Liguster, Rotbuche, Feldahorn (Ende Februar)

… um letzte Fruchtmumien von Obstbäumen zu entfernen

… die Schneeglöckchen im grünen Zustand zu teilen

Den Garten auch als Therapie betrachten.

Die Blaufichte im Garten ist von der Sitkafichtenlaus befallen. Dürfen die braunen Nadeln in den Kompost?

Die Kompostierung von Fichtennadeln dauert in der Regel zwei bis drei Jahre. Bei richtiger Kompostierung entstehen Temperaturen, die die Sitkafichtenlaus abtöten, also wäre das kein Problem. Da viele Gartenfreunde aber keine zwei bis drei Jahre warten wollen, beziehungsweise aus Platzgründen eine schnellere Rotation beim Kompostieren bevorzugen, wäre dann doch eine Entsorgung der Nadeln ratsam.

Die Blätter der Glanzmispel im Garten werden nach kalten Nächten braun, kann ich das verhindern?

Hier waren wohl Frostschäden die Ursache. Ich empfehle einen Rückschnitt ins gesunde Holz, aber erst im März, verbunden mit einer Düngung.

Die immergrünen Glanzmispeln mit ihrem oft spektakulären roten Austrieb haben in den letzten Jahren verstärkt Eingang in die Gärten gefunden. Leider haben sie in Windlagen und bei strengeren Frösten oft Probleme. Auch hier gilt: Je älter die Pflanze, umso mehr Frost verträgt sie. Wie bei allen immergrünen Gehölzen sollten sie gut gewässert in den Winter gehen. Bei offenem Wetter sind sie für Wassernachschub sehr dankbar. Vor allem nach den ersten Jahren der Pflanzung ist es angebracht, einen Winterschutz in Form von Vlies bereitzuhalten.

„Manche Glanzmispeln haben einen spektakulären Blattaustrieb.“

Wann ist der beste Zeitpunkt zum Schnitt meiner Eibenhecke?

Eiben sind in der Regel sehr Schnitt-verträglich. Auch alte Eiben lassen sich durch einen kräftigen Rückschnitt sehr gut verjüngen, wenn etwas Geduld an den Tag gelegt wird. Wer eine Hecke immer gut in Form haben möchte, muss zweimal im Jahr schneiden. Das erste Mal im März und das zweite Mal im August. Im August sollte bei trüben Wetter geschnitten werden, da es sonst zu Verbrennungsschäden kommen kann. Wie bei allen Hecken ist eine Verjüngung nach oben anzustreben, da Regenwasser besser verarbeitet werden kann und die Sonnenstrahlen intensiver von der Pflanze genutzt werden. Die genannten Schnittzeitpunkte sind persönliche Empfehlungen.

Von vielen Gartenfreunden wurde mir mitgeteilt, dass sie Eiben eigentlich das ganze Jahr schneiden, ohne dass sie Schäden feststellen. Größere Eingriffe sollten bis Ende Februar durchgeführt werden, um die Vogelbrut zu schützen.

Bei der gekauften Protea vertrocknen die Knospen und Neutriebe kommen von unten, wie soll ich handeln?

Natürlich will ich den Fragesteller nicht mutlos machen: Aber bei der Kultur von Proteen ist ein besonders „Grüner Daumen" nötig, und ein nicht zu unterschätzender Mehraufwand als bei der üblichen Kultur von Kübelpflanzen. Als Schnittblume kennen wir diese prächtigen Pflanzen schon länger, insbesondere die Königsprotea. Pflanzenangebote richten sich speziell an den erfahrenen Pflanzenliebhaber.

Die Wachstumsbedingungen sind einfach benannt, aber schwieriger umzusetzen:

- frostfreie sonnige Überwinterung (möglichst keine Temperaturen über 10 °C)
- immer mäßig feucht halten
- kein kalkhaltiges Wasser verwenden
- sauer wirkendes strukturstabiles Substrat verwenden (im Handel nicht erhältlich, im Bedarfsfall kann man sich an Botanische Gärten mit der Bitte um Unterstützung wenden)
- düngen nur mit phosphatfreien Düngemitteln

Mein 25-jähriger Zitronenbaum hat noch nie geblüht und Früchte getragen, was kann ich tun?

Wie Oleander verkörpern Zitruspflanzen den Traum vom Süden in besonderer Weise und erfreuen sich allgemeiner Beliebtheit. Das trifft auch dann zu, wenn Pflanzenfreunde stolz auf ihre selbst gezogenen Pflanzen verweisen. Besonders die leicht keimenden Zitronen sind hier die Renner, wenn gleich viel Geduld hinsichtlich Blüte und Fruchtbildung gefragt ist. Wenn der Zitronenbaum in den 25 Jahren noch nie geblüht hat, liegt die Vermutung nahe, dass hier ein Sämling im Spiel ist. Trotzdem sollte ungefähr nach circa zehn Jahren eine Blüte erfolgen.

Ursache für das Nichtblühen kann die zu warme Überwinterung sein. Helle und kühle Überwinterung sind Voraussetzung für eine Blütenbildung. Auch eine kurzfristige Trockenphase initiiert eine verstärkte Blütenbildung. Grundsätzlich gilt: lieber etwas trockener als zu feucht halten. Wenn die Pflanzen zu warm stehen, verstärkt sich außerdem die Gefahr des Befalls von Schildläusen, die sich aber mit rapsölhaltigen Mitteln in mehrfacher Anwendung gut bekämpfen lassen. Bei leichtem Befall ist auch manuelles Entfernen der Schädlinge möglich.

Ein schöner Moment ist es immer, wenn Zuhörer am „Grünen Telefon“ von Ernteerfolgen bei Zitrusgewächsen berichten!

Die Myrte steht im Topf im Freien. Seit ich sie im Herbst hereingeholt habe, wirft sie die Blätter ab, gibt es eine Lösung?

Der Blattwurf ist typisch für immergrüne Kübelpflanzen, wenn sie von den Garten- in den Wohnbereich ziehen. Zunächst sollte, wie bei Kamelien, der Zeitpunkt des Einräumens so weit als möglich nach hinten verschoben werden. Und dann ist ein heller und kühler Raum unerlässlich.

Gießen Sie mit lauwarmem Regenwasser. Im Winter kann es bei zu hohen Zimmertemperaturen und Ballentrockenheit zu Blattwurf kommen. Die Pflanzen sind dann oft nicht mehr zu retten. In Gebieten mit Weinbauklima, zum Beispiel an der Weinstraße, können Myrten auch im Freien kultiviert werden. In den ersten Jahren ist hier natürlich ein Winterschutz ratsam.

Myrten scheinen nicht nur wegen ihrer Symbolik als Brautmyrten wieder beliebter zu werden. Zur Blütezeit, wenn unzählige kleine Blüten die Pflanze schmücken, sind sie unwiderstehlich.

An welche Pflanzen kann Pferdemist verabreicht werden, ohne dass sie Schaden nehmen?

Bei Obstgehölzen und Beerensträuchern kann im Herbst oberflächlich auf den Bodenbereich unter der Baumkrone bzw. unter den Sträuchern Pferdemist ausgebracht werden. Auf keinen Fall soll im Frühjahr frischer Pferdemist auf die Gemüsebeete gelangen. Die Wurzeln der Gemüsepflanzen können sonst Schaden nehmen. Außerdem ist frischer Pferdemist eine Brutstätte für die Möhren- und Zwiebelfliege. Eine mindestens sechsmonatige Kompostierung mit Kompost, Grünabfällen und Laub ist empfehlenswert. Ein so verrotteter Pferdemist ist ein wertvoller organischer Dünger, der besonders auf leichten Böden zur Bodenverbesserung und Ertragssteigerung beitragen kann.

Erstaunt war ich über die reichliche Verwendung von verrottetem Stalldung in England. Die Engländer tragen auf ihren Rosenbeeten bis zu zehn Zentimeter dick den verrotteten Pferdemist auf, und deren Rosen sind in glänzender Verfassung. Offensichtlich ist gut verrotteter Pferdemist ein „Wundermittel" für die Königin der Blumen.

Claudia Look-Hirnschal hat erzählt ...

„MIT MOOS IST VIEL LOS“

Viele Gartenbesitzer schimpfen tatsächlich über lästiges Moos im Rasen, in Rabatten und auf Treppen und Wegen. Ja, das kann auch eine gefährliche Rutschbahn werden, gerade wenn es feucht wird. Wenn der Rasen mit Moos durchsetzt ist und im Sommer die Sonne kräftig scheint, sind natürlich braune Stellen nicht selten.

Aber wir sollten unsere Scheuklappen abnehmen: In der Gartenkultur anderer Länder werden Moose bewusst als Gestaltungsmittel eingesetzt. In Japan spielt zum Beispiel diese immergrüne Pflanze eine besondere Rolle. Dort sind samtig grüne Teppiche aus Moos in traditionellen Gartenanlagen unverzichtbar. Mit Moos lassen sich erstaunlich schöne Situationen schaffen, die eigentlich keine Arbeit machen. Moose kaschieren beispielsweise wunderbar Teichränder, die sonst nicht so schön aussehen. Das funktioniert dann am besten, wenn es schattige und feuchte Orte sind.

Moose sind kinderleicht anzusiedeln: Sie brauchen als Untergrund nur nährstoffarmen Sand. Moose wachsen auch auf Schalen und in Kübeln. Sie decken kahle Stellen ab. Besonders originell sind Moosbilder: Wenn das Moos auf Styropor einen samtenen Teppich bildet und dann an einer Wand aufgehängt wird. Ich habe schon einige solcher Moosbilder gesehen, die wirken unglaublich toll und schaffen eine besondere Atmosphäre, wo immer die auch hängen. Diese Bilder sollte man mit einer Sprühflasche regelmäßig feucht halten. Wenn man bedenkt – Moose besiedeln die Erde schon seit 400 Millionen Jahren. Die meisten Blütenpflanzen sind erst seit 150 Jahren angesagt! Da dürfen wir diesen uralten Sporenpflanzen ruhig mehr Aufmerksamkeit widmen.

Warum blüht die Amaryllis nicht mehr?

Ein Irrtum muss eingangs aufgeklärt werden, obwohl ich selbst schon das Handtuch im Namensstreit zwischen Amaryllis und Hippeastrum geworfen habe: Natürlich sind unsere sogenannten Amaryllis der Gattung Hippeastrum zuzuordnen, die ihre Heimat in Mittel- und Südamerika haben. Im Gegensatz zu den Amaryllis, die ihre Heimat vorwiegend aus Südafrika nicht verleugnen können. Wichtigstes Unterscheidungsmerkmal ist der Stiel, der bei den Amaryllis gefüllt und bei den Hippeastrum hohl ist, sodass Floristen gern für die Weihnachtsdekoration Stiele der Amaryllis verkehrt herum aufhängen und mit Wasser befüllen. Gegen den Volksmund kann man aber nicht angehen und selbst Händler und Gärtnereien sprechen mittlerweile nur noch von Amaryllis.

Nun zur eigentlichen Frage, warum die Amaryllis nicht mehr blühen wollen: Wenn die erworbenen Amaryllis verblüht sind, sollte der Stängel an der Basis entfernt werden. Dann wird ganz normal weiter kultiviert, und ab April 14-tägig mit einem Flüssigdünger gegossen.

Den Pflanzen bekommt eine Freilandkultur im lichten Schatten bis Oktober besonders gut. Im November/Dezember muss unbedingt eine Ruheperiode eingehalten werden, das Gießen wird eingestellt und die Blätter der Pflanze vertrocknen. Wenn die Zwiebel zu treiben beginnt, ist ein Umtopfen in gute Zimmer- oder Kübelpflanzenerde zu empfehlen. Oft genügt ein Kulturjahr nicht, damit sich die Zwiebeln regenerieren können. Erst nach zweijähriger Kultur ist mit einer Blüte zu rechnen. Der Aufwand lohnt sich aber, denn auch die Blätter haben eine schmückende Wirkung.

Seitdem wir Fußbodenheizung haben, gehen die Pflanzen ein. Ist das Zufall?

Das ist durchaus möglich, wenn gleichzeitig die alten Gießgewohnheiten beibehalten werden. Die Luft ist trockener und gelegentliches Besprühen der Pflanze und häufigeres Gießen wird unerlässlich. Zudem sollte die Pflanze einen Untersetzer bekommen. Zusätzlich haben sich die „Rollis“ bestens bewährt, da sie genügend Abstand zum Fußboden halten. Natürlich sollte auch die Wahl der Pflanzen Beachtung finden, und etwas mehr Experimentierfreudigkeit macht sich bestimmt bezahlt. Eine Yucca kommt unter den Bedingungen einer Fußbodenheizung besser zurecht als etwa eine Anthurie.

Meine Strelitzie treibt vier Blüten, wie soll ich sie nach der Blüte pflegen?

Die sogenannte Papageienblume mit ihren prachtvollen exotischen Blüten rückt immer mehr in den Focus der Pflanzenfreunde. Im Wintergarten ausgepflanzt, ist sie natürlich am besten aufgehoben. Diese Bedingungen können aber nur wenige bieten.

Im Kübel macht die Pflanze eine gute Figur, wenn sie im Winter hell und bei einer Temperatur zwischen 10 bis 15 °C einen Standort bekommt. Wie bei vielen Kübelpflanzen ist es schwer, im Wohnbereich einen solchen Platz zu finden. Bei schlechten Lichtverhältnissen werden keine neuen Blüten gebildet. Licht ist tatsächlich ein ganz wichtiger Faktor zur Blütenbildung, gerade bei der winterlichen Ruhephase. Eine eingeschränkte Wasserversorgung ist hier völlig ausreichend.

„Die Papageienblume ist eine prachtvolle und begehrte Schnittblume.“

Mit einer guten Entwicklung bedankt sich die Pflanze für einen sonnigen Platz im Garten oder auf der Terrasse ab Mai. Beim Ausräumen der Pflanzen ins Freie muss zunächst ein schattiger Platz gesucht werden, damit es zu keiner Blattverbrennung kommt. Diese Verfahrensweise sollte bei den meisten Kübelpflanzen Beachtung finden. Nach der Blüte ist das nährstoffreiche Substrat (gute Kübelpflanzenerde mit Lehmzusatz) gleichmäßig feucht zu halten und während der Saison etwa alle 14 Tage zu düngen. Verblühte Blütenstände und trockenes Laub sind zu entfernen.

Der Februar im Garten Schöne

SCHNEEGLÖCKCHEN, WEISSRÖCKCHEN

Schneeglöckchen haben mich schon in einer Zeit begeistert, als in den Gärten fast nur das bekannte Galanthus nivalis vorzufinden war. Gerade in verwilderten Gärten, wo sie in Ruhe gelassen alsbald große Kolonien bilden, zum Teil mithilfe der Ameise, die ihre Samen verbreitet. In den verwilderten Gärten zeigen diese Frühlingsboten beeindruckende Blütenteppiche. Gärten in der Oberlausitz sind mir in besonders guter Erinnerung geblieben. Auch mit Schneeglöckchen-Verrückten, den sogenannten Galantophilen, war ich unterwegs.

Unvergessen ist ein Besuch von der Lenzrosen- und Schneeglöckchen-Expertin, Gisela Schmiemann in Erfurt. Mit ihr fand ich ein Schlupfloch in einem mit Schneeglöckchen übersäten, total verwilderten Garten und stieg mit ihr ein, um ein paar aus der Art geschlagene besondere Exemplare auszugraben, die dann den Weg nach Köln antraten. In meinem Garten lebe ich die Schneeglöckchen-Leidenschaft zwar nicht aus, bin aber mittlerweile von etwa zehn verschiedenen Arten und Sorten begeisterter Fan und liebe vor allem die Großblumigen, die oft schon zwei Wochen vor den anderen blühen.

In Gruppen gepflanzt vermehren sich z. B. Galanthus elwesii nicht so reichlich wie Galanthus nivalis, bleiben aber standorttreu, wenn sie nicht durch Pflegearbeiten gestört werden. Sie bilden mit Geduld sehr schöne weiße Inseln. Vorzugsweise sollten sie vor oder unter Gehölze gepflanzt werden, wobei sich Zaubernüsse besonders anbieten. Als ich noch Parkleiter im egapark Erfurt war, bot mir ein befreundeter Kollege von der Insel Mainau an, ob Interesse an der Übernahme von etwa 160.000 Schneeglöckchen bestünde? Diese wurden vom Schweizer Zoll konfisziert, da vom Händler kein Herkunftsnachweis vorgelegt werden konnte. Tatsächlich traten dann doch noch 80.000 Zwiebeln den Weg nach Erfurt an. Nach Erhalt haben die Gärtner der ega die Zwiebeln durchgeputzt und die gesunden Exemplare gepflanzt. Auch nach vielen Jahren freue ich mich bei gelegentlichen Frühjahrsbesuchen über den Bestand, der sich gut entwickelt hat.

► Winter im Garten Schöne (oben); Zaubernuss und Schneeglöckchen (unten von links nach rechts)

Wann und wie kann Rhododendron zurückgeschnitten werden?

Der günstigste Schnittzeitpunkt ist das Frühjahr, da der Neutrieb dann mitgenommen werden kann.

Großartige Blütenerlebnisse von Rhododendron-Parks in England und Irland lassen mich immer wieder ins Schwärmen geraten. Der begrenzende Faktor ist aber immer der Standort, denn bei kalkhaltigen Böden ist der Aufwand recht groß und das Ergebnis oft nicht zufriedenstellend.

„Von den Rhododendronparks in England kann ich nur schwärmen!“

Wenn man mit offenen Augen unterwegs ist, sieht man, in welchen Gegenden Rhododendron gut gedeihen. An solchen Standorten ist ein Rückschnitt nur dann notwendig, wenn Haus oder Nachbarpflanzen bedrängt werden oder Wege zuwachsen. Rhododendron ist generell gut Schnitt-verträglich und auch ältere Exemplare können gut verjüngt werden. Wenn die Pflanzen anfangen zu sehr kümmern oder sparrig werden, und die Blätter Schäden aufweisen, liegt das meistens am Standort. Hier kann ein Rückschnitt nur kurzfristig für besseres Aussehen sorgen. Im lichten Schatten und auf saurem Boden mit ausreichend Niederschlägen fühlen sie sich wohl. Für die Gartenfreunde, die trotz Kalkboden Rhododendron kultivieren möchten, habe ich eine Empfehlung: Besorgen Sie sich einen großen runden Maurerkübel, bohren Sie mindestens fünf bis sieben Wasserabzugslöcher hinein, füllen ihn mit Rhododendronerde und bepflanzen ihn. Diese Kübel können mobil aufgestellt werden, zum Beispiel an verschiedenen Standorten vor und nach der Blüte. Im Winter ist der Topf mit Noppenfolie und der Rhododendron mit einem Vlies zu schützen. Wenn der Kübel im Garten an einem zusagenden Platz eingesenkt wird, reduziert sich der Aufwand für den Winterschutz. Unter dem Kübel wäre es ratsam, scharfen Sand oder Kies auszubringen, um den Wasserabzug zu gewährleisten.

Die japanische Schirmtanne entwickelt gelbe Nadeln, was ist zu tun?

Wichtig ist die Wahl eines möglichst windgeschützten Standortes in halbschattiger bis sonniger Lage. Ähnlich der Rhododendren verlangen sie einen Boden mit saurer Reaktion, das heißt, gerade auf Kalkböden gepflanzt, reagieren sie mit einer Gelbfärbung der Nadeln. Es ist ein untrügliches Zeichen, schnellstens eine Standortveränderung vorzunehmen. In eine Pflanzgrube, die mindestens dreimal so groß sein muss wie der Ballen und möglichst 60 Zentimeter tief, wird bei Kalkböden eine Filterschicht von circa zehn Zentimeter scharfen Sand oder Kies eingebracht. Die Filterschicht bewirkt, dass die Wurzeln nicht so schnell in den umgebenen Kalkboden eindringen können. Dann pflanzt man die gut mit Wasser versorgten Ballen in Rhododendronerde oder Weißtorf ein. Die Wurzeln der Schirmtanne dürfen nie austrocknen. Für ausreichend Wassernachschub in sommerlichen Trockenperioden oder niederschlagsarmen Wintermonaten sollte stets gesorgt werden. In japanischen Gärten beziehungsweise in asiatisch gestalteten Anlagen sind die prächtigen Schirmtannen in Begleitung von Rhododendron und Azaleen unentbehrlich.

Wie pflege ich meine neue Zimmerlinde?

In meiner Lehrzeit in den 1960er Jahren zählten Zimmerlinden zum Standardsortiment der Zimmerpflanzen. Sie gerieten später in Vergessenheit, genau wie die traditionellen Gummibäume und die langblättrigen Sanseverien. Wie es in der Mode ist, so auch bei den Pflanzen: Es kommt alles wieder. So scheint die Zimmerlinde wieder ihr Comeback zu feiern. Die großen hellgrünen Blätter und die vielen weißen Blüten machen die Pflanze so beliebt. Bevor man allerdings eine Zimmerlinde kauft, sollten die Standortmöglichkeiten geprüft werden: In hellen Räumen ohne direkter Sonneneinstrahlung und Temperaturen um die 15 °C sind sie im Wachstum nur durch häufigeren Schnitt zu bremsen. Die großen Blätter verlangen von Frühjahr bis Herbst wöchentliche Flüssigdüngergaben. Im Sommer sind die angegebenen Temperaturen natürlich nicht zu halten. Deshalb sind Räume mit Nord- und Ostfenstern denen mit Süd- und Westfenstern vorzuziehen, damit die Temperaturen noch kontrollierbar bleiben.

Ich habe meinen Weihnachtsstern kultiviert, aber er blüht nicht mehr?

Weihnachtssterne sind Kurztagspflanzen. Sie bilden ihre gefärbten Hochblätter nur dann aus, wenn sie unter zwölf Stunden Tageslicht zugeteilt bekommen. Gärtnereien nutzen daher ihre Schattier-Einrichtungen aus und verdunkeln ab etwa September/Oktober für mindestens zwölf bis 14 Stunden ihre Weihnachtssternbestände in ihren Gewächshäusern.

Im Privatbereich ist die Verdunkelung durchaus ein täglicher Aufwand, wobei ein Karton oder eine schwarze Tüte durchaus hilfreich sein können. Ansonsten ist die Weiterkultur von Weihnachtssternen nach der Blüte relativ einfach. Nach einem Rückschnitt im April, durch den eine bessere Verzweigung erreicht wird, sollte in eine gute Zimmerpflanzenerde umgetopft werden. Eine Kultur im Freien ab Mai lässt prächtige Pflanzen entstehen, die auch ohne Blüte recht attraktiv sind. Im Winterquartier ist ein heller Standort mit Temperatur um die 20 °C ideal. Also notieren Sie in Ihrem Terminkalender: Ab Ende September/Anfang Oktober sollte ein geeigneter Karton zum Überstülpen auf den Weihnachtsstern bereitgestellt werden.

Mein Grünkohl im Garten ist von weißen Fliegen befallen, was kann ich tun?

Tatsächlich ist die weiße Fliege beziehungsweise die Kohlmottenschildlaus ein Problem und eine 100%ige Lösung ist nicht in Sicht. Der Befall kann aber eingeschränkt werden, indem …

- Grünkohlsorten mit roten Blättern angebaut werden
- Spritzmittel auf Rapsölbasis verwendet werden. Alternativ ist auch der Gebrauch von Rainfarntee zu empfehlen sowie Brennnesseljauche zur Pflanzenstärkung
- der Boden sollte gut mit Kalium und Kalk versorgt werden
- Gemüseschutznetze können wie bei anderen Gemüsearten (etwa wie bei Zwiebeln, Porree und Möhren) eingesetzt werden

Können Rosen jetzt schon abgedeckt werden?

Wie heißt es doch so schön: „Geduld bringt Rosen".

Die letzten Jahre haben gezeigt, dass späte Wintereinbrüche beziehungsweise Spätfröste uns noch ganz schön zu schaffen machen. So erfror vor wenigen Jahren durch Spätfröste fast die gesamte Obstblüte und auch empfindliche Rosensorten wurden geschädigt. Deshalb sollte der Winterschutz im Februar, egal wie sich das Wetter gestaltet, noch belassen werden, da sogar die Monate März und April immer noch unangenehme Überraschungen bereithalten können. Die Faustregel, die Rosen zur Forsythien-Blüte abzuhäufeln und zu schneiden, gilt immer noch. Also entfernen Sie den Winterschutz erst dann, wenn keine größeren Fröste mehr zu erwarten sind.

Ein Umzug in unseren neuen Garten steht bevor: Können wir die alten Pflanzen mitnehmen?

Da bietet sich das Frühjahr an, aber auch der Herbst ist ein geeigneter Zeitpunkt. Gehölze sollten generell für den Umzug vorbereitet werden, indem sie mehrfach mit dem Spaten umstochen werden. Erst dann ist die Garantie gegeben, dass sich genügend Faserwurzeln bilden und der Ballen nicht auseinanderfällt. Stauden können im Frühjahr oder Herbst gut ausgegraben werden. Das Umpflanzen lässt sich gut mit einer Teilung verbinden, dann wachsen die Pflanzen auch besser an. Blumenzwiebeln sollten im Verlauf des Jahres nach der Blüte und bei beginnendem Vergilben der Blätter aus dem Boden genommen und kühl gelagert werden. Ab September sind sie dann wieder an den neuen Standort zu pflanzen. Sortenreines Bergen wäre wünschenswert, ist aber oft nicht möglich, da sie sich durch Verwildern und Ausbreiten schlecht trennen lassen.

Ist Holzasche, die ich in die Gartenerde einbringe, eventuell belastet und verdirbt sogar das Gemüse?

Ganz unbedenklich ist der Einsatz von Holzasche im Garten nicht, da Schwermetalle bei der Verbrennung von Holz anfallen. Auf Gemüsebeeten und an Obstgehölzen hat Holzasche deshalb nichts verloren. Grundsätzlich gilt: Holzasche sollte nur in kleineren Mengen verwendet werden. Das gilt sowohl für Kompostbeigaben als auch für das Ausbringen und das flache Einarbeiten der Holzasche.

Obwohl das Bauchgefühl meint, dass Holzasche doch für Böden gut geeignet wäre, wird ihr Einsatz doch sehr widersprüchlich empfohlen, bis dass sie völlig abgelehnt wird. Auf sauren Böden ist Holzasche meiner Meinung nach in begrenzten Umfang einsetzbar.

„Holzasche hat nichts im Gemüsebeet verloren."

Kann ich jetzt noch Frühjahrsblüher stecken?

Ein Auspflanzen im Garten würde die Zwiebel beziehungsweise die Knollen, die ja keine Wurzeln gebildet haben, zweifelsfrei verfaulen lassen. Man kann den Versuch starten, die vergessenen Blumenzwiebeln und Knollen in Töpfe zu pflanzen, diese frostfrei lagern und leicht zu gießen. Dann können sich noch Wurzeln bilden und die Töpfe können vor oder während der Blüte ausgepflanzt werden oder den Balkon zieren. Die Blüte wird allerdings nicht so üppig ausfallen und auch erst später einsetzen.

„Im März macht
der Rückschritt den
Fortschritt."

MÄRZ

Im März ist Zeit …

… für den Beginn des großen Frühjahrsputzes

… für den Rückschnitt von Stauden

… die hohen Gräser und Abgestorbenes, Stängel, alles was braun ist sowie Elfenblumen komplett zurückzuschneiden

… für den Schnitt von Ziergehölzen: Verjüngungs- bzw. Erziehungsschnitt etwa bei Sommerflieder, Weigelien, Rosen, Kirschlorbeer, Buchsbaum etc.

… für den Schnitt von Obstgehölzen: etwa Beerenobst, Apfelbäume (Steinobst wird erst nach der Ernte geschnitten)

… für die Düngung von Stauden, Blumenzwiebeln, Rosen und Ziergehölzen

… den Kompost zu sieben und zu verteilen, vor allem auf Gemüseflächen

… für die Kontrolle der Kübelpflanzen im Winterquartier (jetzt heller stellen und mehr gießen)

… die Apfelbäume gegen Schorf vor Beginn des Austriebes zu spritzen

… beim Knospenschwellen von Pfirsichbäumen gegen Kräuselkrankheit zu spritzen

… Zeit zum Umpflanzen von immergrünen Gehölzen (vorab Ballenstechen erforderlich)

… robuste Einjährige wie Ringelblumen, Kornblumen und Mohn direkt ins Freiland zu säen

… Kübel und Schalen mit Frühjahrsblühern zu bepflanzen (Hornveilchen, Stiefmütterchen, Primeln, Narzissen, Hyazinthen etc.). Das Angebot von Frühjahrsblühern in den Gartenmärkten ist jetzt riesengroß

… für eine Frühjahrskur für den Rasen (Abharken mit Rasenbesen und Düngung)

… für die Teilung der Schneeglöckchen

… Kräuter wie Rosmarin, Thymian, Petersilie und Ähnliches zu pflanzen (Schutz, etwa Vlies bereithalten)

Bei Wetterkapriolen muss schnell reagiert werden. Wir Gärtner müssen immer unsere Pflanzen und deren Schutz im Auge haben!

Der Sommerflieder ist unheimlich hoch gewachsen, wie weit kann ich ihn zurückschneiden?

Die Faustregel rät: Sommerflieder sollte jedes Jahr im Frühjahr auf ein Drittel zurückgeschnitten werden. Das klingt für viele Gartenfreunde zunächst ziemlich brutal, bewirkt aber einen kräftigen Wachstumsschub und die Bildung größerer Blütenrispen. Bei wenig oder gar keinem Rückschnitt entwickeln sich nur kleine Blüten und die Verzweigungen nehmen zu. Hat man jahrelang nicht geschnitten und die Triebe sind stark verholzt, sollte vorsichtiger herangegangen werden und nur etwa die Hälfte zurückgeschnitten werden. Wichtig ist eine Düngung nach dem Rückschnitt, damit die Gehölze zügig weiterwachsen können. Ständiges Ausputzen nach dem ersten Flor ist zur erneuten Blütenbildung notwendig und verhindert auch ein mögliches Aussamen, das recht lästig werden kann.

Mein Kirschlorbeer hat viele braune Blätter, was kann man tun?

Besonders der breitblättrige Kirschlorbeer reagiert sehr empfindlich auf Barfröste, also auf Fröste ohne Schnee, und auf lang anhaltende Frostperioden, verbunden mit intensiver Sonneneinstrahlung. Es gab schon die Situation, dass nach mehrjährigen kalten Wintern die immergrünen Gehölze zurückgefroren sind und die verärgerten Kirschlorbeer-Heckenbesitzer das Handtuch geworfen haben.

Glücklicherweise lässt sich Kirschlorbeer gut schneiden, das heißt, man kann im März oder April getrost zur Schere greifen, um die Gehölze zu verjüngen oder Erfrorenes zurückzuschneiden. Ein Einwickeln der Gehölze mit einem doppelten Vlies hilft, die Verdunstung bei Sonnenschein zu mindern und die Schäden in Grenzen zu halten. Ansonsten greifen Sie zu der schmalblättrigen Variante. Die ist frosthärter, wächst aber mehr in die Breite.

In ausgesprochenen Windlagen mit kalten Ostwinden ist die Verwendung von Kirschlorbeer abzuraten. Immergrüne Gehölze sollten gut gewässert in den Winter gehen und an frostfreien Tagen mit Wasser versorgt werden.

Der Gartenbambus ist braun geworden, wann sollen wir schneiden?

In den ersten Jahren nach der Pflanzung braucht Gartenbambus einen Winterschutz, wobei sich eine dicke Laub-Schütte am besten bewährt hat. Ziel ist, den Boden nicht gefrieren zu lassen, damit die Wasserversorgung der Pflanzen auch während der Frostperioden gewährleistet ist. Das Aufstellen von Schilf- beziehungsweise Strohmatten um die Pflanzen ist ebenfalls empfehlenswert.

Sollten die Bambusblätter ausgangs des Winters braun werden und abfallen, ist noch nicht alles verloren. Ich habe es mehrfach erlebt, dass der Bambus erst im Juni neue Blätter gebildet hat. In strengen Wintern kann der Bambus bei Temperaturen um die –20 °C allerdings komplett zurückfrieren. Dann müssen die Triebe bodennah zurückgeschnitten werden. Oft treiben dann nur wenige Triebe wieder aus und der Gartenfreund muss einige Jahre Geduld haben, bis sich die Pflanzen wieder zu stattlichen Exemplaren entwickelt haben.

Mein Blauregen am Spalier blüht seit zehn Jahren nicht!

Hier liegt die Vermutung nahe, dass es sich um einen Sämling handelt, die oft erst nach zehn Jahren oder später zu blühen beginnen. Trotzdem ist es ratsam, den Blauregen im zeitigen Frühjahr vor allem mit den Nebentrieben auf etwa drei Augen zurückzuschneiden. Auch ein Sommerschnitt, bei dem die langen einjährigen Triebe eingekürzt werden sollten, ist empfehlenswert.

Generell sind Veredelungen den Sämlingen vorzuziehen, da sie viel früher zu Blühen beginnen. Wer Fantasie hat, kann sich, wie ich oft in England gesehen habe, einen Blauregenbaum gestalten: Hier werden einige wenige Triebe bis auf eine Höhe von circa zwei Meter gezogen, am besten entlang eines senkrechten Gestells, die den künftigen Stamm fixieren soll. Und dann befestigen wir ein waagrechtes Gestell wie ein Rad, ideal ist ein Durchmesser von circa zwei Metern. Das ist im Bereich der künftigen Krone platziert. Gut geschnitten sieht eines Tages dieser „kleinkronige Baum“ zur Blütezeit sensationell aus.

„Mit Blauregen wird jeder alte Schuppen zum Märchenschloss.“

Da Blauregen lange am Standort verbleiben kann, ist eine tiefgründige Bodenverbesserung zur Pflanzung und ein sonniger Standort für eine gute Blütenbildung notwendig.

Wie können wir unseren älteren, schweren Boden auflockern?

Leider lässt sich nicht von heute auf morgen ein schwerer Boden auflockern. Da kann ich jahrzehntelange Erfahrungen mit einfließen lassen, da unser zweiter Garten, der sogenannte „Experimentiergarten“, uns vor ähnliche Probleme gestellt hat. Die Wunderwaffe – der Kompost, in Gärtnerkreisen das „Schwarze Gold“ genannt – wäre als Erstes zu nennen. Im Frühjahr werden Gemüsebeete und andere Beete mit einer gut verrotteten Komposterde überzogen, die durch Pflanzung und Bodenbearbeitung in etwas tiefere Schichten gelangt und das Leben der Mikroorganismen fördert. Scharfer Sand erhöht das Luftvolumen. Sehr gut hat sich Gründüngung bewährt, wobei der Untergrund durch starke Wurzelbildung zum Beispiel von Lupinen aufgelockert wird.

Schwere Böden können umgegraben werden und von der Frostgare profitieren. Die Frostgare lockert den Boden, weil die groben Schollen vom Frost zerkleinert werden.

Ohne Umgraben genügt oft ein Arbeiten mit der Grabegabel, die in den Boden gestochen wird und durch bloße Bewegung zum Auflockern beiträgt. Natürlich ist kompostierter Stalldung, aber auch Rasenschnitt ohne Samen zur Bodenverbesserung schwerer Böden geeignet. Um das Austrocknen der Böden zu vermeiden, kann mit organischen Materialien gemulcht werden.

Die Liguster Hecke ist ziemlich groß und breit geworden, wann und wie weit kann ich sie verkleinern?

Liguster gehört zu den anspruchslosesten und wuchsfreudigsten Heckenpflanzen. Wenn Sie eine totale Verjüngung wünschen, können Sie stark bis ins alte Holz zurückschneiden. Das sollte allerdings bis Ende Februar erfolgen, da danach die Brut der Vögel geschützt werden muss. Durch seine Starkwüchsigkeit ist gerade bei formalen Hecken ein dreimaliger Schnitt notwendig: Der erste Schnitt wäre vor dem Austrieb, also bis Ende Februar oder Anfang März, der zweite Schnitt im Juli (nach dem Johannistrieb) und der dritte Schnitt im Oktober. Da der zweite Schnitt in die Brutzeit der Vögel fällt, ist in jedem Fall vor Schnittbeginn die Hecke auf mögliche Nistplätze zu kontrollieren. Gegebenenfalls sollte der Schnitt um einige Wochen verschoben werden. Ligusterhecken sind die preiswerteste Heckenvariante, verursachen aber durch die intensive Schnitttätigkeit einen Mehraufwand, den man mit einkalkulieren muss.

Claudia Look-Hirnschal hat erzählt …

… VON IHREN KLEINEN SONNEN

„Osterglocken blühen wie kleine Sonnen. Ich mag sie unheimlich gerne, gerade weil sie so vielfältig sind: Die Blüten können von Weiß bis Orange leuchten. Sogar die Form der Blüten variiert. Eine ist schöner als die andere. Ich kann mich nicht entscheiden, weil es inzwischen unzählige Züchtungen gibt.

Osterglocken heißen ja eigentlich ‚Narzissen'. Ihren Namen tragen sie nach der griechischen Sagengestalt ‚Narziss'. Eine Legende erzählt dazu: Als sich der schöne Sohn des Flussgottes an eine Wasserquelle gesetzt hatte, verliebte er sich unsterblich in sein eigenes Spiegelbild. Diese unstillbare Selbstliebe trieb Narziss in den Tod. Er stieß sich in seiner Verzweiflung selbst den Dolch in die Brust und aus der mit seinem Blut getränkten Erde wuchs eine Narzisse.

Das klingt tragisch – dabei schaut ein Strauß voller Narzissen so fröhlich aus! Und im Garten sind für mich Osterglocken die heiteren Frühlingsboten, die mich zuversichtlich stimmen und den Winterfrust vertreiben.

Im Garten mögen es Narzissen übrigens am liebsten sonnig. Ihre Wirkung entfalten sie am schönsten in dichten Gruppen gepflanzt. Gut ist, wenn sie mit einem mineralischen Dünger gedüngt werden, gleich kurz nach dem Austrieb. Manche Narzissen werden nach einigen Jahren blühfaul. Um das zu verhindern, schneide ich die verblühten Blüten ab. Würde ich das nicht tun, bilden sich Samen in der Blüte, was der Pflanze viel Kraft kostet. Und die Energie kann sie sich bis zum nächsten Jahr im Frühling sparen."

Was kann man gegen Moos im Rasen tun?

Für einen moosfreien Rasen, den sich ja die meisten Gartenbesitzer wünschen, müssen die möglichen Ursachen für Moosbildung beseitigt werden, da man sonst das Moos aus dem Garten nicht mehr loswird.

Generell sind Moose auf dem Vormarsch. Sie vermehren sich durch Sporen und sind so sehr ausbreitungsfreudig und schwer zu bändigen. Und hier gerät die alte Weisheit wieder ins Gedächtnis: Gute Rasenflächen benötigen genauso viel Pflege wie zum Beispiel ein Beet mit Stauden! Diese Tatsache wird meist unterschätzt, denn die Rasenpflege ist oft Männerdomäne, die dann auf das Mähen reduziert wird.

Welche Pflegemaßnahmen wichtig sind:

· der Boden sollte einen pH-Wert von etwa 7 haben und nicht verdichtet sein. Hier hilft bei sauren Böden eine Kalkung, bei leichten Böden empfiehlt sich im Frühjahr ein Ausstreuen von Kompost, bei schweren Böden ein Ausbringen von scharfem Sand

· statt einer mineralischen Düngung sollte ein organischer Dünger eventuell mit Mikroorganismenanteilen verabreicht werden. Diese Düngung sollte im Frühjahr erfolgen, ergänzt durch eine Kali-betonte Düngung im Herbst, damit die Gräserhalme besser durch den Winter kommen

· in der Hauptwachstumszeit ist ein wöchentliches, nicht zu tiefes Mähen erforderlich. Moos setzt sich vor allem im Schattenbereich fest. Hier sollte nach dem Vertikutieren Nachsaaten mit speziellem Rasensaatgut für Schattenbereiche erfolgen

· in Trockenperioden – und die werden laut Prophezeiung der Meteorologen in den nächsten Jahren öfters auftreten – sollte ab und an durchdringend gewässert werden, anstatt des Öfteren den Rasen nur kurzfristig zu befeuchten

· ausgewähltes zertifiziertes Rasensaatgut für die speziellen Rasenflächen im Garten, kann helfen, einen guten Rasen entstehen zu lassen

· im Handel werden natürlich auch spezielle Düngemittel mit Moosvernichter angeboten

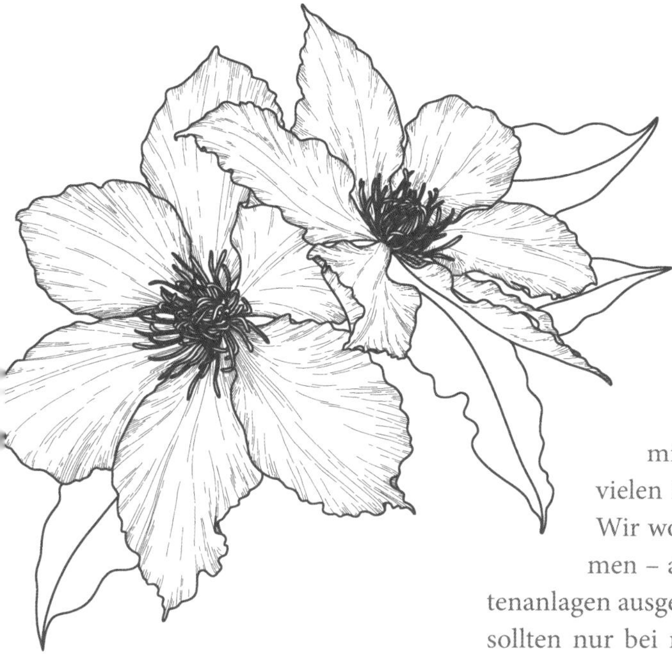

Wann kann ich meine Clematis zurückschneiden?

Beim Schnitt von Clematis wird immer wieder auf die drei Schnitttermine verwiesen. Ich habe dazu meine eigenen Erfahrungen gemacht: Die Unsicherheit, mit der Gartenschere richtig umzugehen, kommt bei vielen Fragestellungen am „Grünen Telefon" zum Ausdruck. Wir wollen einen Beitrag liefern, diese Unsicherheit zu nehmen – alle Clematispflanzen, die bereits im Vorjahr ihre Blütenanlagen ausgebildet haben, wie zum Beispiel die Clematis montana, sollten nur bei nahenden Vergreisen beziehungsweise nachlassender Blüten- und Triebbildung geschnitten werden. Ich selbst habe bei meiner Clematis montana nach zehn Jahren einen radikalen Rückschnitt auf 50 Zentimeter vorgenommen. Leider hatte ich damit auch den Katzenpfad vernichtet, den sich meine Katze Winni in den ersten Stock des Hauses durch den Clematis-Dschungel gebahnt hatte. Nach einem solchen Rückschnitt bleibt natürlich in dem Jahr die Blüte aus.

Alle Clematispflanzen, die am diesjährigen Holz blühen, kann man schon ab November/Dezember bzw. im zeitigen Frühjahr bis auf 15 bis 20 Zentimeter zurückschneiden. Bei der Gruppe der Viticella-Hybriden kann mehr stehen gelassen werden, obwohl auch hier ein stärkerer Rückschnitt alle drei bis fünf Jahre zur Verjüngung der Pflanze beiträgt. Bei den meisten der großblumigen Sorten bewirkt der Rückschnitt nicht nur größere Blüten und bessere Wuchseigenschaften, sondern vermindert auch die Gefahr des Auftretens der gefürchteten Clematis-Welke. Also greifen Sie ruhig zur Schere, ich habe meine immer bei dem Rundgang durch den Garten mit dabei.

„Beim Gartenrundgang habe ich immer die Schere dabei."

Wie düngt man am besten Blumenzwiebeln, und zu welchem Zeitpunkt?

Starkwüchsige Blumenzwiebeln wie Tulpen, Hyazinthen, Narzissen, einige Allium und Kaiserkronen brauchen zur vollen Entwicklung viele Nährstoffe und sollten daher gedüngt werden. Zu empfehlen sind organische Langzeitdünger, die vor beziehungsweise während des Austriebes verabreicht werden sollen. Mineralische Dünger wirken schneller. Hier ist einmal eine Austriebsdüngung zu empfehlen, zudem eine Düngung nach der Blüte, da erst nach der Blüte die Blütenanlagen in den Blumenzwiebeln wieder gebildet werden. Entfernen Sie alte Blüten, um eine Samenbildung, die zulasten der Zwiebelneubildung geht, zu vermeiden.

Einige Tulpensorten bauen trotz der geschilderten Pflegemaßnahmen rapide ab und bilden erst nach einem weiteren Kulturjahr blühfähige Zwiebeln. Bewährt hat sich – mit Ausnahme der Wildtulpen, die länger durchhalten – ein alljährliches Aufnehmen der Zwiebeln. Am besten gegen Mitte Juni, wenn die Blätter anfangen zu vergilben. Schon in dieser Phase ist der Zwiebelaufbau beendet, obwohl noch etwas Grün vorhanden ist. Nach dem Aufnehmen der Zwiebeln kann jeder entscheiden, ob er nur die blühfähigen Zwiebeln behält und ob die Tochterzwiebeln im Vermehrungsbeet weiter kultiviert werden. Dazu braucht man aber Geduld und Zeit.

Ich habe kein Glück mit Lavendel. Wie tief soll ich ihn schneiden und wie kultivieren?

Die Frage ist immer: Habe ich kein Glück mit der Pflanze oder hat die Pflanze kein Glück mit mir? Ganz entscheidend ist die Wahl des richtigen Standortes für Lavendel. Es sollte ein nährstoffarmer, nicht so schwerer Boden in voller Sonne sein. Darum ist Lavendel eigentlich kein guter Partner für Rosen, die ja bekanntlich nährstoffreiche Böden bevorzugen. Ein Abmagern schwerer Böden mit scharfem Sand ist deshalb schon vor der Pflanzung erforderlich. Lavendel als Halbstrauch ist sehr schnittverträglich, sollte aber von Pflanzbeginn an mit einem kräftigen Schnitt konfrontiert werden. Nach der Hauptblüte erfolgt der erste Schnitt unterhalb der Stiele, etwa drei bis fünf Zentimeter ins Krautartige. Dann entwickeln sich noch sporadisch bis zum Herbst einige Blüten und mit einem leichten Rückschnitt sollten dann die Pflanzen in den Winter gehen.

Der Frühjahrsschnitt sollte dann erfolgen, wenn keine stärkeren Fröste mehr zu erwarten sind. Bitte schneiden Sie nicht in den verholzten Bereich, sondern bleiben Sie in den krautartigen Pflanzenteilen. Hier kann dann bis zu 50 Prozent zurückgeschnitten werden.

Die Geranien im Keller treiben jetzt schon aus, wie reagiert man darauf?

Wenn allgemein von Geranien die Rede ist, meint man natürlich Pelargonien. Aber wie bei den Amaryllis, die eigentlich Hippeastrum sind, hat sich die Bezeichnung Geranien für Pelargonien durchgesetzt. Sollte man im Namensstreit hier den fachlichen Aspekt mehr zugeneigt sein, wäre es wohl Don Quichotte gleich zu tun, der erfolglos gegen Windmühlen ankämpfte.

Wenn also die Geranien im Keller anfangen zu treiben, sollten sie auf wenige Zentimeter eingekürzt werden, da sich sonst nur lange dünne Triebe entwickeln. Im Herbst sind die Geranien trotz erster Fröste oft sehr lange an geschützten Stellen zu sehen. Viele Pflanzenfreunde holen sich die noch immer gut blühenden Pflanzen dann in kühle Bereiche, wie in Treppenhäuser, auf Veranden oder ähnliche Orte. So können sie den Blütenschmuck noch wochenlang genießen. Für das Winterquartier, und das kann der dunkle kühle Keller sein, werden sie dann auf circa 10 bis 15 Zentimeter zurückgeschnitten. Übrig bleiben nur kahle Stängel. Sie sollten aber in den jeweiligen Gefäßen verbleiben. Wenn die Pflanzen zu wachsen beginnen, sollten sie in eine gute Balkonpflanzenerde umgetopft werden und einen helleren, kühlen Standort erhalten. Gießen Sie im Winterquartier nur so viel, dass das Substrat nicht ganz austrocknet. Man kann die Gartenfreunde nur ermutigen, Geranien zu überwintern, da die Pflanzen dann größer und schöner werden. Ich bestaune im Eingangsbereich des Nachbarhauses immer wieder eine weißblühende Geranie, deren Größe und Blütenreichtum nur von einer mehrjährig kultivierten Pflanze stammen kann. Nur eine spätere Blüte muss bei Überwinterung eingeplant werden.

Der März im Garten Schöne

DIE LENZROSEN KOMMEN

Wie bei vielen Gartenpflanzen liegen Freud und Leid dicht beieinander. Ich finde, auf die Lenzrosen trifft diese Aussage besonders zu. Ihre leichte Vermehrbarkeit durch Samen kann möglicherweise lästig werden, wenn man versäumt, nach der Blüte die Samenstände zu entfernen.

Aber erst einmal zu den vielen Vorzügen der im März und April blühenden Lenzrosen: Sie haben in den letzten Jahren einen phänomenalen Siegeszug angetreten. Wer sich auf Pflanzenmessen oder auf speziellen Ausstellungen einen Überblick auf das derzeitige Sortiment verschafft hat, muss einfach überwältigt von diesen tollen Frühjahrsblühern sein. Wie hätte wohl der Gartenphilosoph und Staudengärtner Karl Foerster (1874–1970) in seiner blumigen Sprache die Entwicklung dieser Pflanze gehuldigt? Das reiche Farbspiel der Blüten, die Blütenzeichnungen und selbst gefüllte Blüten und das zumindest wintergrüne ansehnliche Laub sind ausschlaggebende Kriterien für die wachsende Beliebtheit der Lenzrosen.

Bei mir stehen sie im lichten Halbschatten im Garten, zwischen verschiedenen Schattenstauden und Gräsern. Einige Gartenfreunde schneiden das Laub mit Entwicklung der Blüten komplett zurück. Ich lasse jedoch einige gut entwickelte Blätter an der Pflanze, da Blatt und Blütenschmuck meiner Meinung nach zusammen gehören. Natürlich entferne ich alle Blätter, die im Winter gelitten haben und unschön aussehen. Nach der Blüte bilden die Lenzrosen neue Blätter, die die Pflanzen im Sommer und Winter prägen. Für mich sind die Lenzrosen ausgezeichnete Blattschmuckpflanzen, deren Blattwerk man jedoch immer im Auge behalten sollte, da Pilzkrankheiten Probleme bereiten können. Auch im Winter trotzen die Blätter allen Witterungsunbilden und gehören so zu den „grünen Segeln“, die uns Gartenleute helfen, über die Wintermonate zu kommen. Wer nicht Wert auf großzügigen Nachwuchs legt, sollte die alten Blütenstängel rechtzeitig entfernen. Spätestens, wenn sie vergilben, stören sie das Gartenbild erheblich und ich gestatte nur in meinem zweiten Garten ein Aussamen – auch aus arbeitstechnischen Gründen bedingt.

Zumindest können sich Freunde und Bekannte nicht über zu wenig verschenkte Sämlinge beklagen. Es gibt davon beträchtliche Reserven! Wer also das Aussamen unter Kontrolle hat und die Blattkrankheiten durch Ausputzen und so weiter bewältigt, wird im Frühjahr mit Blühgeschenken überhäuft.

▸ Zum Winterende blüht die Zaubernuss (oben); Lenzrosen und gewelltes Hirschzungenfarn (unten von rechts nach links)

Das Pampasgras ist noch grün, muss ich es schneiden?

In milden Wintern muss das Pampasgras nicht geschützt werden und die Grashalme schmücken die Pflanze auch im Winter. Bei Einsetzen stärkerer Fröste ist das Zusammenbinden der Grashalme und ein Vliesschutz oft lebensrettend. Vermeiden Sie, dass Regen in das Herz der Pflanze eindringen kann, da dann die Pflanzen faulen könnten.

Wenn das Pampasgras gut durch den Winter gekommen ist, muss man nicht immer zurückschneiden, wenn man geneigt ist, die Blessuren an den Grashalmen, die der Winter verursacht hat, hinzunehmen. Durch einen radikalen Rückschnitt auf etwa fünf bis zehn Zentimeter wachsen neue, gut aussehende Grashalme. Bei ausreichender Düngung bilden sich auch mehr Blütenstiele. Deshalb empfehle ich einen jährlichen Rückschnitt, der die Pflanze in ein besseres Licht rückt.

Die Hamamelis ist zu groß geworden, wie kann ich ihn schneiden?

Die Zaubernüsse gehören ja eher zu den langsam wachsenden Ziersträuchern, die im Jugendstadium nicht geschnitten werden müssen. Sie haben den typischen dreiecksförmigen Wuchs und lassen sich deshalb auch gut mit Frühjahrsblühern wie Schneeglöckchen, Zwiebeliris oder Krokus unterpflanzen. Wenn die Gehölze etwa 1,50 Meter groß sind, kann man schon einmal einen Zweig für die Vase schneiden. Auch wenn die Knospen noch geschlossen sind, reichen drei bis vier Tage im Wohnbereich, um den Zweig zum Blühen zu bringen.

Schneiden Sie jährlich zwei bis drei etwa 30 Zentimeter lange Triebe, erreicht man auch einen kompakteren Wuchs und stärkere Verzweigungen. Bei älteren Exemplaren, die nie geschnitten worden sind, ist keinesfalls ein radikaler Rückschnitt zu empfehlen, sondern ein gefühlvolles Auslichten nach der Blüte oder auch ein Sommerschnitt im belaubten Zustand.

Die Lavendelheide sieht bräunlich aus, wie schneide ich sie am besten zurück?

Schaut man sich in den Vorgärten um, und das tue ich auf Spaziergängen immer sehr aufmerksam, da fristet die Lavendelheide oft ein klägliches Dasein. Gelbliche Blätter und Kümmerwuchs habe ich nicht selten beobachtet. Viele haben dem rötlichen Austrieb und dem reichen Blütenflor beim Kauf nicht widerstehen können.

Um an den Pflanzen noch viel Freude haben zu können, ist einiges zu beachten: Ein geschützter Standort im lichten Halbschatten auf saurem Boden wäre der Idealfall. In kalkhaltige Böden gepflanzt und dann noch auf eine Westseite gestellt, wo die Sonne im Sommer gnadenlos auf die Pflanzen losgeht, ist einem langsamen, aber sicheren Tod gleichzusetzen.

„Ideale Begleitpflanzen für Rhododendron sind Lavendelheiden.“

Die idealen Standortbedingungen sind ähnlich denen des Rhododendrons und ich habe in großen Rhododendron-Parks immer wunderschöne groß gewachsene Lavendelheiden als Partnerpflanzen von Rhododendron bewundern können. Also: Bitte erst den Platz im Garten heraussuchen und dann erst kaufen. Oft wird meist umgekehrt gehandelt. Wer trotz schwieriger Bedingungen nicht auf die Lavendelheide verzichten möchte, kann sie wie Rhododendron in einen Mauerkübel pflanzen und diesen dann in den Boden einsenken. Ausreichend gebohrte Wasserabzugslöcher, Rhododendronerde und -dünger lassen dann Pflanzen wachsen, an denen man auch im Winter Freude haben kann.

Darf man Rosen schon schneiden, wenn sie mit dem Austrieb beginnen?

Rosen sollte man in der Regel erst dann schneiden, wenn die Forsythien blühen. Dann ist auch seltener mit Spätfrösten zu rechnen.

Bei mildem Wetter treiben Rosen oft schon früher aus. Wer das Risiko eingehen will, dann schon zu schneiden, sollte einen Schutz von Vlies bereithalten, wenn wirklich noch Frosttage drohen. Wenn Sie vergessen haben, die Rosen rechtzeitig zu schneiden, und der volle Durchtrieb fast erfolgt ist, empfehle ich ein Einkürzen der Triebe auf circa 50 Prozent der sonst üblichen Schnittlänge.

Was mache ich mit den Schoten am Blauregen?

Die attraktiven samtig grünen Schoten des Blauregens haben für mich in erster Linie Schmuckwirkung. Darüber hinaus können Samen gewonnen werden, sobald die Schoten aufplatzen. Diese keimen im Frühjahr leicht und können gut weiter kultiviert werden. Aus Samen vermehrte Blauregen beginnen aber sehr spät mit der Blüte, oft erst nach zehn Jahren. Eine Veredelung ist daher notwendig, die aber oft nur vom Fachmann vorgenommen werden kann. Mein Rat: Erfreuen Sie sich an den schönen Schoten und überlassen Sie die Vermehrung dem Fachmann.

„Die Schoten schmücken den Blauregen ab dem Spätsommer wunderbar.“

Die Türkische Bergfeige ist zu groß geworden, kann ich sie in den Garten auspflanzen?

Pflanzen Sie die Bergfeige im Frühjahr, weil dann die Pflanzen gut bis in den Herbst einwurzeln können. Das kann ein sonniger, geschützter Standort zum Beispiel in Hausnähe wegen der Wärmerückstrahlung sein. Ideal ist ein tiefgründiger Boden. Durch dickes Mulchen mit Stroh (kleine Ballen eignen sich gut) wird verhindert, dass der Frost in den Wintermonaten in den Wurzelbereich der Pflanzen eindringen kann. Ein mehrmaliges Umwickeln mit Vlies sollte bei stärkeren Frösten hilfreich sein. Sinken die Temperaturen unter –10 °C, frieren die Pflanzen oft zurück, treiben dann aber im Frühjahr wieder gut durch. Genießbare Früchte können dann aber kaum geerntet werden. Je älter die Feigen sind, desto mehr Frost wird vertragen. Die Türkische Bergfeige steckt leichte Minusgrade ohne Weiteres weg.

Wie schneide ich meine sehr verholzte Weigelie zurück?

Alle Ziersträucher, auch die Weigelien, sollten mit wenigen Ausnahmen wie die Blumenhartriegel, Zaubernüsse und weitere, regelmäßig geschnitten werden, um ein Vergreisen und zu starkes Verholzen der Gehölze zu verhindern. Dabei bitte nicht auf den sogenannten „Hausmeisterschnitt" zurückgreifen, den man in Wohngebieten immer wieder beobachten kann: Hier werden mit der Heckenschere in erreichbarer Höhe meist runde Formen geschnitten. Oft geht dieser Schnitt zulasten der Blüte, der eigentliche Habitus der Gehölze wird verfälscht und die Gehölze vergreisen zunehmend in den unteren basalen Teilen. Im zeitigen Frühjahr oder nach der Blüte empfehle ich, ältere dicke Triebe, die auch anders gefärbt sind als das Jungholz, auszuschneiden. Wenn wenige Triebe so jedes Jahr entfernt werden, bleiben die Gehölze wüchsig und bringen auch eine bessere Blüte zustande. Weigelien zählen zu Recht zu den besten Ziergehölzen.

Wann kann ich Buchsbaum schneiden und in Form bringen?

Den Buchsbaum schneide ich zweimal im Jahr. Einmal vor dem Austrieb, also etwa im März. Dann kann auch bis ins alte Holz zurückgeschnitten werden, wobei etwas Geduld gefragt ist, bis er wieder durchtreibt. Bei trübem Wetter wird der zweite Schnitt im August vorgenommen. Nach erfolgtem Sommerschnitt streue ich über die Schnittstellen immer ein Gemisch aus Steinmehl und Algenkalk, um der gefürchteten Buchsbaum-Pilzkrankheit vorzubeugen. Sollte der Pilz zwischenzeitlich auftreten, verbinde ich mit einem leichten Rückschnitt die Ausbringung von Steinmehl und Algenkalk. Eine Ausbreitung der Krankheit wird verhindert und der Buchs treibt wieder durch, eventuell erst im darauffolgenden Frühjahr. Der Rückschnitt ist natürlich mit dem Formschnitt zu verbinden.

Der Lavendel erfriert immer im Winter, obwohl Schutz daraufliegt, was ist zu tun?

Vielleicht ist ja der Schutz die Wurzel des Übels. Lavendel überdauert die Winter sehr gut, wenn er immer geschnitten wurde und nicht so stark verholzt ist. Wenn eventuell mit Folie und Laubschütte etc. Winterschutz praktiziert wurde, war die sicherlich zu viel des Guten, weil Lavendel nicht „eingemummelt“ werden möchte. Eine leichte Abdeckung mit Fichtenreisig sollte hier reichen. Also weniger ist oft mehr. Vielleicht klappt es dann mit der Überwinterung.

„Weiß der April, was er will?"

APRIL

Im April ist Zeit …

… den Winterschutz zu entfernen, Rosen abzuhäufeln und zur Forsythienblüte zu schneiden

… für den Schnitt von Apfelbäumen, der ist bis kurz vor der Blüte möglich. Dann bilden sich weniger Wasserschosser, also die Triebe, die sich zahlreich nach dem zu starken Rückschnitt bilden und für den Apfelbaum nutzlos sind

… überwinterte Pelargonien, Fuchsien und ähnliche Pflanzen zurückzuschneiden und in gute Kübelpflanzenerde zu topfen

… die verblühten Blumenzwiebeln in Töpfen an geeignete Standorte im Garten zu pflanzen

… die robusten Kübelpflanzen ins Freie zu bringen: Lorbeer, Oleander, Feigen, Oliven und Rosmarin. Stellen Sie diese aber zunächst windgeschützt und schattig auf

… den Boden vor Gemüsepflanzungen mit Grabegabeln zu lockern

… Brombeeren zu schneiden und an das Spalier zu heften

… Neuaustriebe mit Mehltau an Apfelbäumen zu schneiden

… Insektenschutznetze zu besorgen und über Kohlpflanzen sowie über Aussaaten von Rettich, Radieschen, Möhren und Zwiebeln auszubringen

… Gladiolen ab Mitte April zu pflanzen, nur gesunde Knollen verwenden

… blühfaule Schmucklilien zu teilen und umzupflanzen

… vorbeugend gegen Malvenrost zu sprühen

… Hängeweiden für Kübelbepflanzung nach der Blüte zurückzuschneiden

… für das Entfernen alter Blätter bei Lenzrosen

… um Schneckeneier unter Steinen und Brettern abzusammeln

„Wer mit seinem Garten zufrieden ist, verdient ihn nicht."

Karl Foerster

Wie schneide ich Strauchpfingstrosen? Bis in das alte Holz hinein?

Zu den schönsten Blütengehölzen mit den wohl größten Blüten in allen Farbvarianten zählen Strauchpaeonien. Vor circa 20 Jahren noch wenig verbreitet, werden sie jetzt sogar in Supermärkten angeboten. Sie benötigen einen sonnigen Standort und einen durchlässigen Boden, da sie Staunässe nicht vertragen.

Strauchpaeonien werden auf Staudenpaeonien veredelt und sollten deshalb so tief gepflanzt werden, dass das Edelreis Erdkontakt hat und somit eigene Wurzeln bilden kann. Bei jungen Exemplaren ist ein Schnitt im Frühjahr sinnvoll, da bei noch wenigen Trieben eine gute Verzweigung der Gehölze erreicht werden kann. Bei älteren Exemplaren ist im Frühjahr zunächst nur totes, abgestorbenes Holz zu entfernen.

Ich schneide immer nach der Blüte, um Samenansatz zu vermeiden, und reduziere sie um etwa zwei bis drei Blattpaare. Dabei bleiben die Gehölze kompakt und fallen nicht auseinander. Von diesen schönen Gehölzen kann man nicht genug bekommen!

Die Wühlmäuse sind wieder aktiv, welche Bekämpfungsmethoden sind am besten?

Die gefräßigen Nager können einen schon mächtig ärgern und auch eingefleischte Gärtner können Klagelieder anstimmen. Manch einer hat schon wertvolle Pflanzen, vor allem Blumenzwiebeln, durch Wühlmäuse verloren. Bei der Bekämpfung spielt der Faktor Zeit eine große Rolle. Das Gangsystem muss erkundet werden und dann gibt es eigentlich nur eine Methode, um der Wühlmausplage Herr zu werden: Das ist der Fang mit Fallen. Eine große Anzahl bieten Gartenmärkte an. Ich habe mich für eine Röhrenfalle entschieden, die senkrecht in den Gang gesetzt wird. Somit wird der Zugang für die Wühlmäuse aus beiden Gangseiten ermöglicht. Die Röhrenfalle wird dann problemlos gespannt und man sieht schon von Weiten an der Entspannung, ob der Einsatz der Falle von Erfolg gekrönt war. Da Wühlmäuse regelmäßig ihre Gänge „befahren" und sie bei Gefahr verschließen, muss äußerst vorsichtig vorgegangen werden, um die klugen Tiere zu überlisten.

Sicherlich können ergänzend Köder ausgebracht werden. Die sicherste Methode ist jedenfalls das Fangen mit Fallen, wobei viel Geduld gefragt ist.

Ich habe Ende März den Wein geschnitten, jetzt blutet er stark, was kann man dagegen tun?

Wein sollte im Winter geschnitten werden, wenn sich der „Saftstrom" noch nicht in Gang gesetzt hat. Da ist der Termin Ende März, vor allem bei milder Witterung, schon zu spät. Als Schnittempfehlung sollten, bei möglichst frostfreiem Wetter, die beiden letzten Februarwochen genutzt werden. Die Schnittstellen trocknen dann rechtzeitig aus, bevor der „Saftstrom" beginnt.

„Schneiden Sie den Wein am besten schon im Februar."

Wenn der Weinstock zu spät geschnitten wird, kann es sein, dass er noch bis zu vier Wochen „blutet". Der Rebstock erholt sich dann aber wieder schnell, es ist also kein Todesurteil.

Brauchen unsere Kiwi-Pflanzen eine Bestäuberpflanze?

Stecklingsvermehrte Kiwis blühen in der Regel nach zwei bis vier Jahren. Bis auf wenige Ausnahmen, zum Beispiel einige neue selbstfruchtende Sorten, sind Kiwis zweihäusig. Das heißt, es ist eine männliche und eine weibliche Pflanze nötig, wobei nur die weiblichen Exemplare Früchte tragen. Eine männliche Bestäuberpflanze ist also in den meisten Fällen erforderlich. Wichtig ist in jedem Fall ein geschützter, möglichst sonniger Standort und ein leicht saurer Boden.

Die Fuchsien haben nach dem Überwintern eifrig getrieben. Muss man Triebe abschneiden?

Das Problem stellt sich nicht nur bei Fuchsien so dar: Werden die Fuchsien zu warm überwintert, treiben sie bereits oft im Februar/März wieder aus. Im April ist ein Austrieb Normalität und ein Einkürzen der neu gebildeten Triebe ist zu empfehlen. In jedem Fall sollten die Fuchsien im April heller gestellt werden, wobei kühle Standorte vorzuziehen sind.

Meine Fuchsien überwintere ich im Garten in einem alten Wasserschacht. Im Spätherbst werden die Pflanzen auf etwa ein Drittel zurückgeschnitten und alle Blätter entfernt, bevor ich sie gut durchfeuchtet in das Erdloch stelle. Dann kommt der Deckel auf die einstige Wasserentnahmestelle und darüber eine etwa 30 Zentimeter dicke Laubschicht. Ende April wird gelüftet und die Pflanzen bekommen Anfang Mai ihren endgültigen Standort. Ein Umtopfen alle zwei bis drei Jahre in ein strukturstabiles Substrat wirkt sich immer positiv auf Wachs- und Blühverhalten aus.

Auch beim Überwintern im dunklen kühlen Kellern sollte nach dem herbstlichen Einräumen und den genannten Rückschnitt ein Entblättern erfolgen, da Krankheiten und Schädlinge sonst mit eingeschleppt werden können.

Der April im Garten Schöne

MITBRINGSEL FÜR DEN GARTEN

Es ist natürlich ganz verlockend, von Gartenreisen, gerade aus England, Pflanzen mitzubringen, da die angebotenen Sortimente weitaus größer sind als hier bei uns. Eine Pflanze hatte ich immer schon im Visier und da ich Strukturpflanzen besonders mag, zog eine Euphorbia characias ssp. wulfenii in den Garten ein. An vollsonniger Stelle und mit leichtem Winterschutz ist diese Wolfsmilchart prächtig gewachsen und blüht alljährlich ab April mit den besonderen auffälligen typischen Blütenständen. Diese werden dann ab Juni, wenn sie beginnen, braun zu werden, an der Basis abgeschnitten. Die sich dann entwickelnden, üppigen blaugrünen Blattbüsche fühlen sich in Zeiten des Klimawandels sehr wohl. Wer es schafft, die Pflanze mit etwas Schutz über den Winter zu bekommen, wird reichlich belohnt und vermehrten Fragen von Gartenbesuchern ausgesetzt sein.

In meinen bepflanzten Natursteintrögen geht es im April auch schon munter zu: Von meinem tschechischen Gartenfreund, dem bekannten Staudengärtner Josef Holzbecher, bekam ich vor Jahren einige Sorten vom Zwergseidelbast geschenkt. Mittlerweile haben diese Zwerggehölze schon einen Durchmesser von über 50 Zentimeter erreicht und sind auch im nicht blühenden Zustand ein schmückendes Element im Steintrog. Die Blüte ist immer ein Höhepunkt, nicht nur wegen der rosafarbenen Blütenfülle, sondern auch wegen des unwiderstehlichen süßlichen Duftes. Als immergrüne Pflanzen müssen sie bei Barfrösten im Winter geschützt und bei offenem Wetter ab und an gegossen werden. Als Winterschutz reicht Fichtenreisig- oder Vliesabdeckung in der Regel aus.

Viel zu wenig haben diese Pflanzenschätze bisher Eingang in die Gärten gefunden.

► Früher Austrieb der Alliumblätter im Garten Schöne (oben). Wolfsmilch mit Allium und ein Zwergseidelbast (von unten links nach rechts)

Die Hängeweide im Kübel blüht nicht mehr, was hilft?

Tatsächlich ist nach der Blüte ein Rückschnitt auf wenige Zentimeter ratsam. Dann bilden sich neue Triebe, die uns im nächsten Frühjahr mit dem prächtigen Kätzchenschmuck erfreuen. Mit Frühjahrsblühern unterpflanzt, wird die Partie im Garten beziehungsweise im Topf ein Hingucker im Frühlingsgarten.

Wir haben den Garten umgegraben, nun kommt der Giersch, der vorher zahlreich vorhanden war, wieder!

Neben wenigen Vorzügen – so können junge Gierschblätter für Salate genutzt oder ein Gierschlikör angesetzt werden – kann über die Tatsache nicht hinweg täuschen, dass wir es hier mit einem sehr hartnäckigen Vertreter der nervigsten Unkräuter zu tun haben.

Flächen mit Gierschbesatz sollten nicht umgegraben werden, da die Rhizome dann sogar vermehrt werden. Mit der Grabegabel lassen sich die Rhizome besonders nach Niederschlägen gut entfernen. Wie der Giersch muss man selbst Hartnäckigkeit an den Tag legen, um in der Folgezeit den Rhizomenresten den Garaus zu machen, da meistens Rückstände unvermeidbar sind. An Gartenrändern oder -arealen, wo sich der Giersch das Terrain erobert hat, ist der Einsatz von wasserdurchlässigen Unkraut-Dämmmatten mit anschließender Rindenmulchabdeckung hilfreich. Nach circa drei Jahren haben sich die Rhizome „tot“ gewachsen. Eine dicke Pappe statt der Unkraut-Dämmmatten tut es notfalls auch.

Mit einem häufigen Hacken der Ränder meines Nutzgartens komme ich dem Giersch gut bei. Wir haben deshalb nicht unbedingt Freundschaft geschlossen. In Anlagen mit Dauerbepflanzung, zum Beispiel in Staudenbeeten, hilft nur ein komplettes Aufnehmen und Teilen der Pflanzen und gründliches Durcharbeiten und Auslesen der gefürchteten Rhizome.

Auch Unkrautvernichter auf ökologischer Basis haben ihre Einsatzberechtigung auf reinen Gierschflächen.

Ich habe von der Pfingstrose ein Stück abgestochen und in einen anderen Garten gepflanzt. Nun will sie weder wachsen noch blühen!

Staudenpfingstrosen sollten im Herbst ab Ende September komplett aufgenommen und geteilt werden. Auch aus alten Stöcken lassen sich genügend blühfähige Rhizome mit Knospenbildung gut abteilen. Das Teilen der Rhizome erfordert viel Fingerspitzengefühl, weil die Rhizome leicht brechen. Die einzelnen Rhizome mit Triebknospen werden dann so tief gepflanzt, dass die Knospen nur circa einen Zentimeter mit Erde bedeckt sind.

Da Pfingstrosen sehr alt werden können, pflanzt man sie nie an dieselbe Stelle, sondern sucht einen anderen, möglichst sonnigen Platz mit gutem durchlässigem Boden für die tollen Blütenstauden aus. Zu tiefes Pflanzen geht zulasten der Blütenbildung. Ein reines Teilen der Wurzelstöcke mit dem Spaten, wie bei unserem Fragesteller, ist zunächst zwar einfacher, jedoch wachsen die Teilstücke schlecht an und die Blütenbildung setzt oft aus.

Bei uns im Garten leben winzigkleine Nacktschnecken, gegen die kein Schneckenkorn hilft, was tun?

Es handelt sich hierbei um die kleinere Ackerschnecke oder um Jungtiere der Ackerschnecke. Im Gegensatz zu der Spanischen Wegschnecke sind die Ackerschnecken schon unterwegs, sobald der Boden frostfrei ist. Sogar im Hochbeet, wo ich frühzeitig Salat unter Schutzhauben gepflanzt habe, waren die kleinen Ackerschnecken aktiv und drohten meine kleinen Salatpflanzen zu vertilgen. Durch ständiges Absammeln, scharfkantigen Kies um die Pflanzen streuen und durch ein wenig ausgebrachtes Schneckenkorn konnte ich der Plage Herr werden. Man sollte also bereits frühzeitig auf eine Invasion vorbereitet sein und das komplexe Programm gegen Schnecken anwenden (siehe Seite 89, generelle Schneckenbekämpfung).

In unserem Rasen wachsen Pflanzen mit roten Blättern und gelben Blüten, die sich stark vermehren. Wie kann ich diese bekämpfen?

Wenn sich der Rote Hornsauerklee im Rasen schon richtig breitgemacht hat, wird es schwierig, ihn wieder loszuwerden. Der Rote Hornsauerklee bildet Pfahlwurzeln aus, die selbst durch Vertikutieren schlecht zu entfernen sind. Auch schmiegt er sich eng an die Grasnarbe und entgeht bei tiefster Einstellung dem Rasenmäher. Ein kompletter Neuaufbau der Rasenfläche ist dann notwendig, mit einem Aufnehmen der Grasnarbe in Wurzeltiefe des gefürchteten Klees. Mutterbodenauftrag, Neuansaat und großzügiges Wässern sind dann erforderlich, um wieder zu einer geschlossenen Rasennarbe zu kommen. Auch von den umliegenden Flächen muss der Klee mit Wurzeln möglichst vor der Blüte entfernt werden. Mit einer Pflanzkelle lässt sich der Klee im Beet gut mit den weitverzweigten Wurzeln entfernen. Nicht nur wegen des vermehrungsfreudigen Roten Hornsauerklees sollte man den Garten immer im Blickfeld haben.

Claudia Look-Hirnschal hat erzählt …

VON DER SCHNECKENJAGD IN ENGLAND

Claudia Look-Hirnschal erzählte gerne, wie sie früher immer empfohlen hat, Schnecken frühmorgens abzusammeln, in ein Gefäß zu stecken und Salz überzustreuen. Doch dann passierte ihr folgende Begegnung in England, an die sie sich so erinnert: „Wir haben in England gedreht und da kam es zu diesem Schlüsselerlebnis: Der britische Gärtner war entsetzt von meiner Salz-Methode, schüttelte den Kopf und nannte mich ‚Schnecken-Quälerin'. Auch wenn es Schädlinge seien, ein solches Ende hätten die Schnecken nicht verdient. Der liebe Gott habe schließlich auch die Schnecken erschaffen! Seine Methode, die er mir verriet, ist wirkungsvoll für den Garten und bedeutet für die Schnecken einen schnellen Tod: Mit einer scharfen Gartenschere durchschneiden."

Wichtig: Zerschneiden Sie die Schnecken am besten isoliert in einem Eimer, damit die Schnecken nicht noch als letzte Tat ihres Lebens ihre Eier ins Beet verspritzen und für Rache durch Nachzucht sorgen. Und die Schere sollten Sie nur für den Schnecken-Tod nutzen. Den Schleim bekommen Sie nämlich kaum weg.

Die Blutpflaume hat letztes Jahr nicht geblüht, sie war von Läusen befallen, die Blätter welken. Ist sie noch zu retten?

Aller Wahrscheinlichkeit ist die Blutpflaume von der Taschenkrankheit, einer Pilzkrankheit betroffen. Verformte Blätter und Laubfall sind die Symptome dieser Krankheit. Von Blattläusen wird die Krankheit an den Gehölzen noch verbreitet.

Beim ersten Auftreten der Symptome und Blattlausbefall ist eine Bekämpfung der Überträger etwa mit Neem-Präparaten zu empfehlen. Da es keine direkten Bekämpfungsmaßnahmen für die Taschenkrankheit gibt, sollte in jedem Fall alles abgefallene Laub entfernt und entsorgt werden. Ein Rückschnitt der befallenen Äste regt außerdem zu Neuaustrieb an und schränkt die Krankheit ein.

Die Pfingstnelken sind durch den Winter stark mitgenommen, kann man sie mit Zurückschneiden retten?

Wenn der Zustand schon so bedrohlich ist, wie geschildert, wäre zur Überlebenssicherung notwendig, Stecklinge oder Risslinge von den noch guten Trieben zu ernten und diese dann in einem sandigen Anzuchtssubstrat zum Bewurzeln zu bringen. Nach erfolgter Bewurzelung können sie an den vorgesehenen Standort ausgepflanzt werden. Generell wichtig ist ein Rückschnitt nach der Blüte, also das Entfernen der Blütenstiele, da dadurch das Polster kompakter bleibt. Eine Vliesabdeckung kann im Winter bei strengen Kahlfrösten und Sonneneinstrahlung hilfreich sein. Sonnige Lagen und mit scharfem Sand abgemagerte Böden sollte man ihnen als Standort anbieten.

Die Züchtung hat wundervolle Sorten hervorgebracht. Gerade in England ist man im „Nelkenfieber“!

Der Rhabarber wächst nicht so, wie er wachsen soll. Was hilft noch, außer Blaukorndünger?

Rhabarber ist für mich Zier- und Nutzpflanze. Ich kultiviere zwei Pflanzen, während bei der einen Pflanze die Stiele geerntet werden, lasse ich die andere Pflanze zur Blüte kommen. Viele Gartenfreunde, die mich beim „Offenen Garten" besuchen, staunen nicht schlecht, welch attraktive Blüten der Rhabarber bildet. Die Stiele lasse ich bis zur Samenbildung stehen, sie sind dann immer noch sehr sehenswert. Erst wenn der Samen beginnt, auszufallen, werden sie abgeschnitten. Rhabarber liebt nährstoffreiche Böden in sonnigen Lagen beziehungsweise im lichten Schatten.

Vor dem Austrieb im Frühjahr ist eine mineralische Düngung zu empfehlen, damit sich schnell die großen Blätter mit den zu verwertenden Stielen bilden. Nach dem Ernten, ab Ende Juni, dünge ich immer mit einem organischen Dünger, etwa Hornspäne, damit sich die Pflanze wieder regenerieren kann. Auch Gaben von Kompost im Frühjahr tun den Rhabarber gut, der sich durch die enorme Blattbildung total verausgabt. Wer ganz zarte Rhabarberstiele ernten möchte, dem seien Rhabarbertöpfe, die keinen Boden haben, zu empfehlen. Sie werden zum Austrieb über einige starke Knospen gestülpt. Durch den sich entwickelten Wachstums- und Bleicheffekt werden Stiele gebildet, die besonders zart und wohlschmeckend sind. Wenn geerntet wird, sollten zwei Triebe stehenbleiben. Nach dem Entfernen des Deckels wachsen sie durch die Deckelöffnung durch und es können Bilder entstehen, die erklärungsbedürftig sind und Besucher rätseln lassen.

Kann man geschenkte Osterglocken mit grünem Laub gleich in die Erde setzen oder soll man sie abtrocknen lassen und die Blätter abschneiden?

Meine Empfehlung wäre, die Osterglocken mit Laub sofort an den vorgesehenen Standort zu pflanzen. Sie werden dann früher einziehen, das heißt, das Laub trocknet früher ein. Es ist dabei natürlich möglich, dass die Blüte im nächsten Jahr schwächer ausfällt oder ganz ausbleibt. Dabei gibt es aber im zweiten Standjahr mit Sicherheit eine gute Blüte.

Ich möchte eine Verbena bonariensis im Garten kultivieren. Ist die Pflanze mehrjährig?

Das patagonische Eisenkraut (im Foto ist das Eisenkraut mit der weißblühenden Spinnenpflanze zu sehen) ist aus öffentlichen Grünanlagen und aus Hausgärten nicht mehr wegzudenken. Es muss so gepflanzt werden, dass es nicht zu dicht steht und den anderen Pflanzen die Show stiehlt. Seine Schleierwirkung kann geschickt genutzt werden und im Staudenbeet – als Rosen-Begleitpflanze beziehungsweise im bunten Getümmel von Sommerblumen – entfacht es dann eine beeindruckende Wirkung. Die Pflanze ist bei uns leider nur in Weinbaugegenden winterhart. Sonst erfriert sie meistens, entwickelt aber so viele Sämlinge, dass sie über die Jahre immer für Nachwuchs sorgt. Wer auf Sämlingsnachwuchs hofft, sollte nicht frühzeitig die Hacke schwingen, da die Sämlinge dann vernichtet werden.

Wer mit zu vielen Sämlingen überfordert ist, jätet einfach die überflüssigen Pflanzen. Im Mai gekaufte Pflanzen haben den Vorteil der schnelleren Wirkung. Einige Stängel sollten also im Herbst über den Winter einfach stehen gelassen werden, um für Sämlingsnachwuchs zu sorgen.

Die Kaiserkronen im Garten blüht seit Jahren nicht mehr. Wie kann ich das ändern?

Die Zwiebeln der Kaiserkronen teilen sich nach einigen Jahren oft so stark, dass nur noch Blätter und keine Blüten mehr gebildet werden. Dann wird es höchste Zeit, die Zwiebeln nach dem Gelbwerden der Blätter aufzunehmen. Die größeren blühfähigen Zwiebeln werden in möglichst sonnige Lagen in durchlässigen Boden gepflanzt. Da sie keine schützende Hülle wie Tulpenzwiebel haben, können sie sofort in doppelter oder dreifacher Höhe der Zwiebeln gepflanzt werden. Eine etwa fünf Zentimeter starke Drainageschicht aus scharfem Sand unter der Zwiebel verhindert gerade auf schweren Böden Fäulniserscheinungen. Die kleinen Tochterzwiebeln kommen auf ein Vermehrungsbeet. Alle Kaiserkronen brauchen ordentlich Dünger, sie zählen ja zu den sogenannten Bauerngartenpflanzen, die vom Bauern mit vielen organischen Düngern versorgt wurden. Also ist ab Austrieb eine Kombination zwischen mineralischem und organischem Dünger zu empfehlen. Natürlich muss das Auftreten des Lilienhähnchens kontrolliert werden, da sonst auch hier sonst Schäden auftreten können.

Jahrelange Erfahrung besagt, dass es bei Kaiserkronen offensichtlich auch blühfaule Klone gibt. Nach der Teilung ist eine Blüte oft erst im zweiten Jahr zu erwarten. Geduld ist auch hier gefragt.

Wie lange darf der Rasen nicht gemäht werden, wenn Krokusse oder Schneeglöckchen darauf blühen?

Diese blühenden Rasenflächen dürfen erst dann gemäht werden, wenn die Blätter der Frühjahrsblüher beginnen, gelb zu werden. Das kann insofern zum Problem werden, wenn verschiedene Unkräuter im Rasen blühen und sich aussamen können. Außerdem sieht der Rasen in dieser Zeit auch nicht besonders gut aus. In der Wachstumszeit der Frühjahrsblüher sollte der Rasen so wenig als möglich betreten werden. Ab Austrieb der Krokusse ist eine Düngung sinnvoll. Stetes Nachpflanzen im Frühherbst garantiert schöne bunte Krokuswiesen, die bei Bienenflug im Frühjahr unvergessen bleiben. Die Schneeglöckchen breiten sich oft durch die Mithilfe der Ameisen aus, die die Samen im Umfeld verteilen.

Veilchen gehen auf der Wiese auf und werden langsam lästig, wie werde ich sie los?

Etwas Besonderes sind sie schon, die blühenden Veilchenwiesen. Goethe soll auf seinen Spaziergängen Veilchensamen verteilt haben. Wer das nicht möchte, sollte in jedem Fall das Aussamen der Veilchen verhindern. Durch regelmäßiges, wöchentliches Mähen auf circa fünf Zentimeter und häufiges Vertikutieren werden die Veilchen geschwächt. Mit Rasendünger und kräftigen Wassergaben wird der Rasenwuchs gefördert und die Veilchen können sich nicht so gut durchsetzen. Nach dem Mähen lassen sich vor allem junge Exemplare leicht aus dem Boden ziehen. Der Einsatz von Rasendünger kombiniert mit herbizider Wirkung gegen Rasenunkräuter ist hier auch hilfreich, sollte aber erst dann eingesetzt werden, wenn alle anderen Methoden eine unzureichende Wirkung zeigen. Im Rasen können Veilchen durch ihren immensen Ausbreitungsdrang eventuell stören, da sie nach dem Blühen viel Samen- und Blattmasse bilden. Sie sollten deshalb, wenn man ihr Ausbreiten nicht mag, sorgfältig vor der Samenbildung entfernt werden.

Ich habe einen Perückenstrauch im letzten Jahr gepflanzt, aber es sieht so aus, als wenn er nicht wächst. Ist er erfroren?

Hier kann man unbesorgt sein, da die Perückensträucher erst spät austreiben. Auch ein Rückschnitt kann vorgenommen werden, um Verzweigung und Austrieb zu forcieren. Die Engländer schneiden ihre Perückensträucher oft jedes Jahr zurück. Dann entwickeln sich stärkere Triebe mit einer verbesserten Blattfärbung. An die Perückensträucher gepflanzte Clematis produzieren schöne Gartenbilder. Der Rückschnitt geht natürlich zulasten der Blüte, die auch sehr sehenswert ist. Sollten bei Perückensträuchern einzelne Äste plötzlich Welke-Erscheinungen zeigen, ist sofort ein stärkerer Rückschnitt der befallenen Triebe erforderlich, damit die Pilzkrankheit, die die Leitungsbahnen verschließt, sich nicht weiter ausbreiten kann.

„Der Garten lebt
und blüht auf."

MAI

Im Mai ist Zeit …

… wenn die Eisheiligen kommen, Vliesschutz für empfindliche Pflanzen bereit zu halten

… um nach der Pflanzung von immergrünen Gehölzen bei starker Sonneneinstrahlung mit Vlies zu schattieren und die Gehölze gleichmäßig feucht zu halten

… um die Neutriebe von Kiefern mindestens um die Hälfte zu kürzen. So gelingt ein kompakterer Wuchs

… um pilzanfällige Rosensorten ab zwei Wochen nach Austrieb mehrfach mit einem Fungizid zu behandeln, Pflanzenstärkungsmittel können auch eingesetzt werden

… um die durch die Blattrollwespe verursachten gerollten Blätter sofort zu entfernen

… für gründliche Unkrautbekämpfung, bevor sich das Unkraut aussät. Dies erspart für die Gartensaison viel Arbeit

… für das Entfernen der verblühten Pfingstrosenblüten

… um Dahlien zu pflanzen

… um Kübelpflanzen ins Freie zu stellen, jedoch zunächst nicht in die volle Sonne

… zum Anlegen neuer Rasenflächen

… für den Auslichtungsschnitt früh blühender Gehölze wie Forsythien

… zum Pflanzen von Beet- und Balkonpflanzen, es wartet ein Riesenangebot auf Garten- und Blumenmärkten

… um Tulpen zu „köpfen“ und zu düngen

„Der Mai ist der schenkungsfreudigste aller Monate.“

Karl Foerster

Ich habe die Rose „Muttertag“ gekauft. Der eine Trieb hat Blätter mit sieben Blattteilen, alle anderen haben fünfteilige Blätter. Muss der Trieb weg?

Die Sorte „Muttertag“ ist eine leuchtend rot blühende Beetrose, die in jedem Fall fünfteilige Rosenblätter haben sollte. Wie bei allen Edelrosen sind deshalb die siebenteiligen Rosenblätter zumeist an Wildtrieben zu finden, die sobald als möglich entfernt werden müssen. In der Regel treiben sie unterhalb der Veredlungsstelle aus, und sollten dort stammnah abgeschnitten oder abgerissen werden. Lässt man die Unterlagentriebe an der Rose, schwächen sie durch den stärkeren Wuchs die Edelrose und auch das gesamte Erscheinungsbild leidet.

Bei den verschiedenen Wildrosen kommen häufig siebenteilige Rosenblätter vor. Hier muss man verstehen, zu unterscheiden.

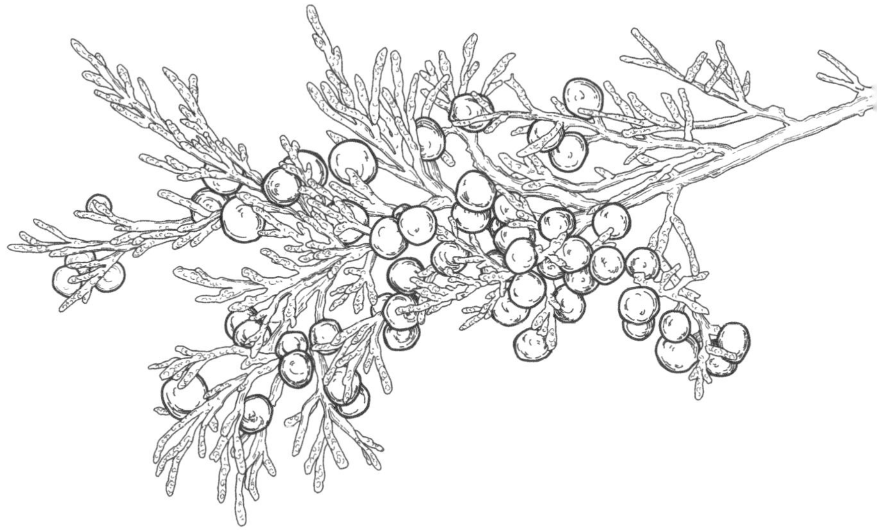

Am Wacholder sind gallertartige Erscheinungen, die aussehen wie feuchte Aprikosenstückchen, die nach einiger Zeit von allein abfallen. An den befallenen Stellen sind Symptome wie helle Warzen, was ist das?

Der Wacholder ist vom Birnengitterrost, einer Pilzkrankheit, befallen. Der Pilz sucht sich während der Frühjahrs- und Wintermonate einen sogenannten Zwischenwirt aus und das ist in dem Fall der Wacholder, wobei nur verschiedene Arten befallen werden. Ist der Pilz mit seinem schwammigen, orangefarbigen Gewebe erst einmal sichtbar, gibt es kaum noch Bekämpfungsmöglichkeiten. Da oft nur einige wenige Triebe befallen sind, lohnt es sich, zur Schere zu greifen und die befallenen Triebe abzuschneiden, da nach dem Abfallen des orangefarbigen Gewebes unansehnliche Flecken zurückbleiben können. Ein komplettes Entfernen der Wacholder ist dann anzuraten, wenn der Befall zu groß ist und Birnbäume im eigenen Garten oder in der Nachbarschaft stehen. Diese können sonst vom gefürchteten Birnengitterrost befallen werden.

Die Johannisbeeren haben rote aufgewölbte Flecken an den Blättern, was tun?

Solche rötlich gefärbte Blattaufwölbungen an Johannisbeeren sind ein untrügliches Zeichen, dass wir es hier mit der Johannisbeerblasenlaus zu tun haben. Oft ist der Befall übersichtlich, sodass ein Entfernen der betroffenen Blätter ausreicht. Bei Weißen und Schwarzen Johannisbeeren sind die Blattwölbungen grünlich bis gelblich. Sollte sich der Befall jährlich wiederholen und größere Formen annehmen, wäre der Einsatz von Insektiziden auf ökologischer Basis zu empfehlen. Regelmäßiger Schnitt einmal nach der Ernte und eventuell noch einmal im Herbst bewirkt gesunden, vitalen Wuchs und vermindert das Auftreten der Johannisbeerblasenlaus.

Was kann man gegen die Asternwelke tun?

Besonders bei einjährigen Astern ist das Phänomen zu beobachten, dass innerhalb kürzester Zeit die Pflanzen schlapp werden und sofort welken (auf dem Foto sind die gleichen Welkerscheinungen bei den Zinnien zu sehen). Der Pilz „Verticillium" ist dafür verantwortlich. Er verstopft die Leitungsbahnen und unterbricht dadurch den Saftstrom. Der Standort für Astern sollte in jedem Fall sonnig sein und durchlässigen Boden aufweisen. Es gibt schon Sorten bei den Sommerastern, die relativ resistent gegen diese Pilzkrankheit sind. Nur wer fragt schon auf Gartenmärkten im Mai danach und erhält dann auch die entsprechenden Sorten?

Beim Auftreten der Krankheit ist die gesamte Pflanze mit der Wurzel zu entsorgen, nur bitte nicht auf dem Kompost. Auf diesen Flächen sollten mindestens acht Jahre keine Astern mehr gepflanzt werden. Durch Kalkstickstoffgaben nach dem Räumen wird der Pilz zumindest stark geschwächt. Eher seltener werden die staudigen Astern von der Welke befallen. Befallene Triebe sind hier nach Auftreten sofort zurückzuschneiden, und für die Pflanzen wäre ein Standortwechsel sinnvoll.

Claudia Look-Hirnschal hat erzählt ...

DER EXTRA-TIPP: AUSFLUG IN DEN WÖRLITZER PARK

Der Wörlitzer Park in Sachsen-Anhalt ist einer der ersten Landschaftsgärten auf dem europäischen Festland. Er besteht aus fünf Gartenteilen, die durch Brücken und Fähren verbunden sind. Er lädt mit seinen Seen, Kanälen, den klassizistischen und neugotischen Bauwerken zu ausgedehnten Spaziergängen ein.

Im Schloss, erbaut nach dem Vorbild englischer Landsitze, kann man eine wertvolle Kunstsammlung bewundern. Als besonders spannend empfand Claudia Look-Hirnschal den englisch-asiatischen Garten in Oranienbaum, eine echte Rarität in der Welt der Gärten und ein Kleinod im Gartenreich Dessau-Wörlitz.

Fürst Leopold III., der Garten-Fürst, eben Friedrich Franz von Anhalt-Dessau (1740–1817), war oft in England, um von dort Neuheiten für die Gärten in Deutschland mitzubringen, ebenso neue Gartengeräte, Pflanzen, Saatgut und Technik für die Landwirtschaft. Damals war das ein Riesenevent und machte den Park Wörlitz zusätzlich berühmt.

Claudia Look-Hirnschal erzählte: „Ich war als Kind oft dort, mit meiner Freundin haben wir die tollsten Duftrosen ausgesucht und als kleine Mädchen haben wir natürlich vom Rosenprinz dazu geträumt. Leider sind die ganz alten Rosen auf der Roseninsel Opfer des letzten Hochwassers 2013 geworden. Dennoch können Sie dort einen herrlichen Pflanzenschatz entdecken!" Das Gartenreich Dessau-Wörlitz, die Kulturlandschaft Dessau-Wörlitz, wurde am 30. November 2000 in die Welterbeliste der UNESCO aufgenommen.

www.gartenreich.info

Gibt es in den Gärtnereien Buschwindröschen? Wenn ja, wann pflanzt man sie in den Garten?

Buschwindröschen lassen zur Blütezeit unsere Laubwälder im schönsten reinen Weiß erstrahlen und locken viele Spaziergänger an. Staudengärtnereien bilden vor allem zahlreiche Hybriden an, die Weiß, Rosa, Hellblau und sogar Grün gefüllt blühen. Buschwindröschen sind dankbar zur Unterpflanzung von Ziergehölzen, die dann im Sommer einziehen, das heißt, sie verabschieden sich bis zum nächsten Frühjahr, wenn sie wieder zur Blütezeit ganze Flächen verzaubern. Die Pflegearbeiten beschränken sich dann auf ein Entfernen des trockenen Laubes. Die Standorte brauchen Ruhe und dürfen auf keinen Fall bearbeitet werden.

Buschwindröschen werden meist blühend in Töpfen angeboten, die dann sofort gepflanzt werden können. Besonders auf speziellen Pflanzenmärkten kann man mittlerweile ein größeres Sortiment erwerben.

Ist es wirklich gut, Kaffeesatz auf Beete zu geben? Gilt das auch für Balkonkästen?

„Regenwürmer lieben Kaffeesatz im Kompost."

Kaffeesatz wird zu Unrecht oft entsorgt, dabei ist er tatsächlich dank vieler mineralischer Inhaltsstoffe ein guter Pflanzendünger. Wichtig ist, ihn schnell zu trocknen, da er gern schimmelt und dann unbrauchbar wird. Da er eine leicht saure Reaktion zeigt, ist er bei Moorbeetpflanzen (Rhododendron, Hortensien, Azaleen) besonders gut einsetzbar. Aber auch auf Gemüsebeeten kann Kaffeesatz ausgestreut und dann leicht eingearbeitet eine positive Wirkung entfalten.

Wenn größere Mengen anfallen, lohnt es, den Kaffeesatz zu kompostieren. Gerade Regenwürmer fühlen sich vom Kaffeesatz angezogen. Für Balkonkästen empfehle ich, beim Erneuern der Erde je ein bis zwei Handvoll unterzumischen. Also setzen Sie Kaffeesatz gezielt und in richtiger Dosis ein.

Im Garten steht ein kleines Allium mit vielen kleinen Zwiebeln, wie werde ich die los?

Auch ich habe mich mit diesem kleinen unscheinbaren Allium mit bis zu 20 Zentimeter hohen Trieben herumschlagen müssen. Ohne jeglichen Zierwert schafft er es, sich gut zu vermehren. Wenn der Boden ausreichend feucht ist, kann man ihn gut herausziehen oder mit der Pflanzkelle ausgraben. Durch ständiges Entfernen habe ich es geschafft, den lästigen Eindringling aus dem Garten zu verbannen.

An Pfingstrosenknospen sind immer Ameisen, knabbern die die Knospen an?

Die Ameisen richten keineswegs Schaden an, wenn sie sich am klebrigen Zuckersaft der Pfingstrosenknospen laben. Nur sollte man aufpassen, wenn einige Stängel dieser schönen Staude in das Zimmer wandern, da sich dann Ameisen „einschmuggeln" wollen.

Ameisen können aber auch Pilzsporen verbreiten. Wenn das zu befürchten ist, sollte man die Ameisen bekämpfen. Mit Pflanzenbrühen aus Rainfarn oder Wermut kann man ihnen den Appetit verderben. Auch das Ausstreuen von Algenkalk rund um die Pfingstrosen kann helfen.

In meinem Garten sind viele Ameisen unterwegs, wie kann ich die bekämpfen?

Die Schäden sind oft geringer als man denkt. Die Ameisen schaffen durch ihre Tätigkeit oft nur Zwischenräume zwischen den Wurzeln, sodass die Pflanzen vertrocknen können. Durch das „Melken" der Blattläuse regen Ameisen die Blattläuse zu stärkerem Blattsaugen an. Da Ameisen sehr geruchsempfindlich sind, kann man Zimt- und Chilipulver, aber auch Lavendel, Kerbel und Gewürznelken auf die Ameisenstraßen oder -nester ausbringen. Ein Umsiedeln ist möglich, wenn man einen Blumentopf mit Holzwolle gefüllt auf das Nest oder die Ameisenstraße stülpt. Der Blumentopf wird schnell besiedelt. Mit einem Spaten unterstochen kann das Ganze an einem Standort gebracht werden, wo die Ameisen keinen Schaden mehr anrichten können. Eine weitere Möglichkeit ist das Ausbringen von handelsüblichen Ameisenködern. Wer seinen Garten häufig bearbeitet, hat auch weniger Ameisen im Garten.

Ich habe seit drei Jahren ein Mandelbäumchen im Garten, das immer schön geblüht hat. Nur in diesem Jahr nicht, warum?

Mandelbäumchen sollten jedes Jahr nach der Blüte auf etwa 15 Zentimeter zurückgeschnitten werden. Damit verringert man die Gefahr des Auftretens der gefährlichen Spitzendürre (Monilia), die an Mandelbäumchen oft zu sehen ist. Nach dem Rückschnitt entwickeln sich wieder ordentliche Triebe, die im nächsten Frühjahr die so beliebten Blüten hervorbringen.

Wer ältere Mandelbäumchen verjüngen möchte, die noch nie oder selten geschnitten worden sind, sollte zunächst im Frühjahr alles tote und sich verzweigende Holz entfernen. Dann kürzen Sie nach der Blüte rund 50 Prozent der Trieblänge ein. Der Schnitt der Mandelbäumchen ist also lebenserhaltend und krankheitsmindernd.

Im letzten Jahr war mein Porree voller Würmer, kann ich das in diesem Jahr verhindern?

Der Verursacher für diese Schäden war wohl die Porree- oder Lauchminierfliege. Die Maden der Minierfliegen schädigen durch ihre Fraßtätigkeit, wobei die Pflanzen oft welken. Die Abdeckung der Porreepflanzen schon nach der Pflanzung mit Gemüseschutznetzen verhindert die Eiablage auf den Blättern. Der Anblick der Beete mit Gemüseschutznetzen ist sicherlich gewöhnungsbedürftig, aber wirksam. Die Gemüseschutznetze sind so zu befestigen, dass die Pflanzen Raum zum Wachsen haben, und sie sollten windsicher angebracht werden. Für Pflegearbeiten entfernen Sie das Gemüseschutznetz kurzzeitig.

Wie werde ich die Ackerwinde im Garten los?

Mit seiner enormen Wuchskraft macht dieses Unkraut vielen Gartenbesitzern zu schaffen. Das Abhacken der Triebe bringt nicht viel, da die Ackerwinde innerhalb einer Woche mindestens 20 Zentimeter nachwächst. Die bis zu zwei Meter tiefen Wurzeln sorgen immer wieder für Nachschub. Besonders lästig ist die Ackerwinde, wenn sie an Stauden, Rosen oder Gehölzen hochwächst und schwer zu entfernen ist. Ein etwa 30 Zentimeter tiefes Ausgraben bis zu den dickeren Rhizomen mindert die Wuchskraft und sorgt für zeitweilige Entspannung. Einzelne Ackerwinden im Garten können mit immer wiederkehrenden Aktionen, wie erwähnt, im Zaum gehalten werden. Sollten die Ackerwinden überhandnehmen, empfiehlt sich ein Aufnehmen und Umpflanzen der Kulturpflanzen. Die Fläche wird dann mit einem handelsüblichen und wasserdurchlässigen Unkrautdämmgewebe abgedeckt. Aufgebrachter Rindenmulch kann dann vorübergehend zur Stellfläche für Kübelpflanzen einladen. In drei bis vier Jahren sollten sich die Ackerwinden „tot" gewachsen haben und die Flächen sind wieder bepflanzbar. Mit viel Geduld kann man so Schritt für Schritt den Boden von der Ackerwinde befreien.

Meine Baldrianpflanzen sind fast zwei Meter hoch. Muss ich sie im Topf kultivieren oder kann ich sie in den Garten zwischen die Stauden setzen?

Gerade in naturnahen Gärten geben Baldrianpflanzen mit ihren geraden und hohen Stielen, mit dem geschnittenen Laub und den weißen Doldenblüten eine gute Figur ab. In Mischpflanzungen in Kombination mit Gräsern und Wildstauden fühlt sich Baldrian auf guten Böden, die im Frühjahr durchaus etwas feuchter sein können, in sonniger Lage wohl. Die wenigsten Gartenfreunde kennen diese imposante Staude, da diese auch in Gartenmärkten schwer zu haben ist. In Staudengärtnereien, auf Pflanzenmärkten und im Internet wird man fündig und kann sich mit einigen Pflanzen für viele Jahre Blühfreude in den Garten holen.

Der Mai im Garten Schöne

ODE AN DIE ORANGENBLÜTE

Der Mai ist ja der schenkungsfreudigste Monat, wie einst der berühmte Gärtner Karl Foerster meinte. Die Natur versetzt uns in Rauschzustände und wie mit einem Tsunami werden wir von Eindrücken überschwemmt!

Als wir von einem Besuch der Pflanzenexpertin, Züchterin und Sammlerin Gisela Schmiemann aus Köln zurückkamen, hatte meine Frau Stecklinge von der Orangenblüte mit im Gepäck. Keiner von uns ahnte damals, was für eine Bereicherung des Gartens diese kleinen Stecklinge für uns bereithalten sollten. Inzwischen brilliert die „Mutterpflanze" in einer Höhe von 120 Zentimetern und einer ebensolchen Breite, mit einem Blütenmeer weißer, duftenden Blüten und dem filigranen immergrünen ansehnlichen Laub.

Winterschutz ist insbesondere in den ersten Jahren erforderlich, wobei eine dicke Laubschütte an der Basis und eine Vliesabdeckung des ganzen Gehölzes dienlich ist. Auch jetzt mittlerweile im zehnten Standjahr, wenn die Pflanze sicherlich mehr Frost verträgt, ist ein leichter Winterschutz ein kleiner Beitrag für große Pflanzenfreuden. Ich freue mich immer darüber, wenn Freunde mir voller Stolz stattliche Pflanzen zeigen, die als Stecklinge in meinem Garten geschnitten wurden! Außerdem ist die Orangenblüte immer ein Stück Erinnerung an die großartige Pflanzenkennerin, Gisela Schmiemann, die uns viel zu früh verlassen hat.

Außer der Orangenblüte ist jetzt die Zeit des Rhabarbers. Vom Rhabarber gibt es ja, was viele nicht wissen, viele Zierformen. Etwa der Rotblütige oder mit rotem Laub Austreibende. Den ganz einfachen Rhabarber habe ich jedoch als Blüten- und Blattstaude entdeckt. Bevor ich dem Garten zu „Leibe" rückte, war hier schon eine stattliche Pflanzgruppe vorhanden. Spaßeshalber beließ ich einige Blüten an der Pflanze und brach wie üblich nur den Rest aus. In voller Blüte zweifelten selbst einige Gartenbesucher, ob es denn wirklich Rhabarber sei, denn ein solches blühendes Exemplar hatten sie bisher nicht gesehen. Selbst als Gartenanfänger wird man damit konfrontiert, dass alle Blütenansätze komplett entfernt werden müssen, damit sich viele Stiele und Blätter entwickeln und die Kräfte nicht über die Blüte „fehlgeleitet" werden. Da ich diese Prozedur in meinem zweiten Garten an einer weiteren Rhabarberpflanze erfolgreich praktiziere, leiste ich mir im Hausgarten eine blühende Pflanze, die im Blüten- und Blattschmuck nichts zu wünschen übrig lässt. Spätestens wenn die Stiele braun werden und sich Samen bilden, schneide ich sie ab.

► Die Strauchpfingstrose blüht im Garten (oben). Orangenblüte; blühende Steingartenpflanzen und die weiße Strauchpfingstrose (unten von links nach rechts).

Mein Maulbeerbaum hat kleine Blüten und leider noch keine Früchte. Ist er ein- oder zweihäusig?

Maulbeeren sind selbstfruchtbar, das heißt, es braucht keine Bestäuberbäume im Umfeld. Mir sind einige Bäume bekannt, die mutterseelenallein stehen und jedes Jahr blühen und fruchten. Am Südeingang des ega-Parkes in Erfurt wurde ein Maulbeerbaum brutal auf eine Länge von 2,50 Meter eingekürzt, da die Früchte auf den nahe gelegenen Gehweg fielen und dort zur Gefahrenquelle für Fußgänger wurden. Ich habe die Entwicklung des Baumes verfolgt – bis jetzt bildete er nur Triebe über Triebe, der typische Habitus des Baumes wurde total verfälscht.

Maulbeerbäume lieben geschützte Standorte mit durchlässigem Boden in sonniger Lage. Im Jugendstadium reagieren sie doch empfindlich auf stärkere Fröste, im Alter stecken sie diese gut weg. Es ist ein Baum, der häufiger gepflanzt werden sollte, wenn der Platz dafür vorhanden ist. Seine ganze Erscheinung und die Fruchtbildung mit den wohlschmeckenden Früchten sollte dazu ermuntern.

Geduld ist jedoch gefragt. Bis der Maulbeerbaum die ersten Früchte trägt, können einige Jahre ins Land gehen. Unvergesslich sind mir die Erlebnisse mit alten Maulbeerbäumen in England. Mit der typisch gefurchten Rinde und dem malerischen Wuchs ist er in der Gehölzwelt etwas ganz Besonderes.

Wie kultiviere ich eine Zimmertanne?

Wie Zimmerlinden, so feiern Zimmertannen jetzt wieder ihr Comeback. Sie waren in der ersten Hälfte des 20. Jahrhunderts sehr beliebt. Das liegt sicher auch daran, dass den Zimmertannen im Winterhalbjahr Temperaturen über dem Gefrierpunkt ausreichen. Da sie möglichst im Winter nicht über 10 °C aufgestellt werden sollen, wird es heutzutage ein Problem, solch einen Raum zu finden. Vor 100 Jahren gab es daran keinen Mangel. In den Bauernhäusern war es die „kalte Pracht“ und auch in den Wohnungen der Städter konnten nicht alle Wohnräume beheizt werden. Da die Zimmertannen auch viel Licht benötigen, ist der kalte Wintergarten oder der kühle, helle Flur wohl der beste Standort. Also, lieber Fragesteller: Suchen Sie den kühlsten Raum im Winter aus und gießen Sie temperatur-angepasst. Von Mai bis September/Oktober kann auch ein Platz im Garten, ohne direkte Sonneneinstrahlung, die Kultur der Zimmertanne erleichtern. Gedüngt wird im Sommer alle zwei Wochen mit einem handelsüblichen Flüssigdünger. Im Sommer sollte das Substrat nie austrocknen, es ist also immer leicht feucht zu halten.

Eine Zimmertanne stellt hohe Ansprüche an die Pflege, bedankt sich aber mit gutem Wuchs und dem außergewöhnlichen Habitus.

Ich habe eine Mispel als Senker aus Italien selbst gezogen. Jetzt ist sie etwa 20 Jahre alt, wurde bisher im Kübel kultiviert und frostfrei überwintert. Kann ich das Gehölz in den Garten pflanzen?

Mispeln, selbst wenn sie aus Italien stammen, sind bei uns frosthart und nur in den ersten zwei bis drei Jahren frostgefährdet. Ein weißer Anstrich des Stammes verbunden mit einer dicken Mulchschicht hilft, über die ersten Winter zu kommen.

Mispeln sind nicht nur wertvolle Obstgehölze, deren Bedeutung langsam wahrgenommen wird, sondern auch einfach schöne Bäume, mit guter Belaubung und sehr ansehnlichen, großen weißen Blüten. Also kann die Mispel aus dem Kübel gut in den Garten gepflanzt werden.

Da bei einem 20-jährigen Stand im Kübel viel Wurzelfilz zu befürchten ist, muss dieser massiv eingekürzt werden, damit der Anwachsprozess gefördert wird und sich schnell neue Faserwurzeln bilden. Es ist ein altes Obstgehölz, das zu Unrecht in Vergessenheit geraten ist und sich langsam aber sicher wieder auf dem Vormarsch befindet.

Müssen Heidekräuter zurückgeschnitten werden?

Wir unterscheiden hier die herbstblühenden Heidekräuter (Callunen) und die Schneeheide (Ericen), die im Frühjahr blühen. Ein Rückschnitt von beiden ist unbedingt zu empfehlen, da sie sonst stark verholzen, struppig aussehen und nicht mehr so üppig blühen. Die Heidekräuter werden im zeitigen Frühjahr geschnitten, auf rund Zweidrittel ihrer Höhe. Das geht recht gut mit einer Heckenschere, wenn man mehrere Exemplare im Garten hat.

Schneeheide, die ab März blüht, sollte nach der Blüte geschnitten werden. Leider sieht man selbst auf Gartenschauen immer seltener Heidegärten, die ganzjährig Wirkung zeigen. Viele nutzen Heidepflanzen nur noch für herbstlich/winterliche Kübel- oder Balkonbepflanzungen. Diese wird dann im Frühjahr meist entsorgt. Man kann nur Mut machen, zum Beispiel in Vorgärten Heidegärten zu planen, da sie auch mit vielen Blumenzwiebeln kombiniert (Herbstzeitlosen, Krokus, Wildtulpen etc.) wunderschöne zeitlose Gartenfreuden vermitteln können.

Ich habe unter Pfirsich- und Pflaumenbäumen Blumen gepflanzt, nehmen die den Bäumen die Nahrung weg?

Die Auffassung zu diesem Thema sind sehr unterschiedlich. Meiner Ansicht nach sollten Obstgehölze nicht unterpflanzt werden, da tatsächlich Konkurrenzverhalten auftreten kann. Das Düngen der Bäume, etwa mit Kompost und Hornspänen, ist natürlich einfacher und kommt den Gehölzen eher ohne Unterpflanzung zugute. Wenn eine Unterpflanzung gewünscht wird, sollten nur Pflanzen Verwendung finden, die nicht tief wurzeln und eventuell so blühen, dass sie Insekten für die Bestäubung der Obstgehölze anlocken. Für Pfirsich und Pflaumenbäume eignen sich zum Beispiel Feldsalat und Knoblauch. Der Feldsalat hält die Feuchtigkeit und lockt Regenwürmer an, der Knoblauch zieht ebenso nützliche Insekten an.

Es hat stark gehagelt und unsere Petunien waren schon auf dem Fensterbrett. Erholen sich diese wieder?

Wenn die Petunien auch noch so gebeutelt aussehen: Sie wegzuwerfen wäre die letzte Option. Zurückgeschnitten und ausgeputzt und mit schnell wirkendem Flüssigdünger versorgt, erholen sich die Pflanzen bald wieder. Auf Pilzkrankheiten ist zu achten, da die von den Hagelkörnern verursachten Flecken das Eindringen von Pilzsporen fördern. Werden die Pflanzen ordentlich ausgeputzt und die geschädigten Blätter entfernt, wird die Gefahr einer Pilzinfektion aber gemindert.

„Schluss mit
den Sommersorgen."

JUNI

Im Juni ist Zeit …

… Blütenstiele von Akelei bodennah zurückzuschneiden, um wildes Umherwuchern zu vermeiden

… die Blütenstiele von Schwertlilien nach der Blüte an der Basis auszubrechen, nicht schneiden

… auf Schädlingsbefall bei Rosen, Ziersträuchern und Beet- und Balkonpflanzen zu achten, vorbeugend mit Pflanzenbrühen und -jauchen die Pflanzen zu stärken

… Rhabarber nach dem 24. Juni nicht mehr zu ernten, aber düngen und wässern

… Polsterpflanzen wie Blaukissen, Schleifenblume, Gänsekresse, Polsterphlox und Polsternelken um ein Drittel bis maximal zur Hälfte einzukürzen

… Rittersporn nach der Blüte handbreit über den Boden zurückzuschneiden. Nach Düngen und gelegentlichem Wässern erfolgt im September der zweite Flor

… Staudenmohn nach Blüte zurückzuschneiden. Im Spätsommer erfolgt Neuaustrieb

… zu viele Apfelfrüchte im Juni zu reduzieren

… für ein ständiges Ausputzen der Rosen sowie der Beet- und Balkonpflanzen

… um die strapazierten Rasen zum zweiten Mal zu düngen

… Gemüse und Obstpflanzen in Kübeln Ende Juni nachzudüngen, Dünger ist dann im Substrat verbraucht

„Am leuchtenden Sommermorgen geh ich im Garten herum. Es flüstern und sprechen die Blumen. Ich aber, ich wandle stumm."

Heinrich Heine (1797–1856)

Was kann man gegen die Schneckenplage tun?

Das ist immer die Frage aller Fragen! Auf einer Gartenreise nach England bekam ich ein Büchlein geschenkt „50 Wege, eine Schnecke zu killen", in dem mit dem typisch englischen Humor Lösungswege aufgezeigt werden, der Schneckenplage Herr zu werden. Nachfolgend sind die Ergebnisse jahrelanger Erfahrung und Recherchen. Natürlich ist das Absammeln besonders nach Regengüssen besonders ergiebig. Im Dunklen mit der Taschenlampe oder am frühen Morgen können die Schnecken aufgesammelt und dann möglichst weit weg in der Natur ausgesetzt werden. Die „Mörder" unter den Gärtnern greifen zur Schere, das ist aber nicht jedermanns Sache. Bitte bestreuen Sie nach dem Aufsammeln im Eimer nicht mit Salz oder lassen Sie auch nicht die Mikrowelle ihre vernichtende Arbeit machen, wie mir schon berichtet wurde. Das haben die schleimigen Gesellen nicht verdient, zumal sie ja auf dem Kompost einen Beitrag zur Zersetzung organischer Materialien leisten.

Zunächst reize ich alle Möglichkeiten ökologischer Bekämpfung aus:

- mit Kaffeesatz gießen und Kaffeesatz um gefährdete Pflanzen streuen
- Rückzugsmöglichkeiten für Igel und Kröten schaffen (Stein- und Totholzhaufen), denn sie sind die Fressfeinde der Schnecken.
- Schneckenzäune verwenden
- Bretter auslegen. Im Feuchten und Dunklen halten sich die Schnecken gern auf und wir können sie zielgerichtet ablesen
- auf Tigerschnegel sollte man besonders Obacht geben und deren Entwicklung fördern, da sie die Eier der gefürchteten Nacktschnecken fressen. Gehäuseschnecken, wie die große Weinbergschnecke, die vorwiegend abgestorbene, organische Pflanzenteile vertilgt, sollten ebenso nicht bekämpft werden
- scharfkantiger Kies um gefährdete Pflanzen ausgebracht, ist auch hier nur ein kleiner Beitrag, damit den schleimigen Gesellen Hindernisse aufgezeigt werden

Mein Hosta-Garten, der ja stark schneckengefährdet ist, wird von einer etwa 15 Meter hohen Fichte überragt, die immer Nadeln und trockene Äste abwirft. Das mögen die Schnecken nicht und ich zerkleinere die trockenen Äste, die sich bei genauem Hinsehen wie Stacheldraht entpuppen. Diese streue ich mit Erfolg zwischen die Hostas.

Besonders wenn Urlaubstage anstehen, komme ich nicht ganz ohne Schneckenkorn aus. Dann bringe ich das ganz gezielt in kleinen Mengen aus. Mein Fazit: Nur ein Bündel von Maßnahmen kann helfen, den gefräßigen Gesellen Einhalt zu gebieten. Und schonen Sie Weinbergschnecken und die Tigerschnegel.

Wie kommen die Zylinderputzerpflanzen über das Jahr?

Diese exotische Pflanze aus Australien mit ihren auffälligen Blüten will hell und möglichst bei Temperaturen zwischen 5 und 10 °C überwintert werden. Stehen die Pflanzen wärmer, leidet die Blühwilligkeit darunter und die Pflanzen neigen zum Wuchs von schwachen Trieben. Ein vor Wind geschützter sonniger Platz auf der Terrasse ab Mai wäre ideal. Im Winterquartier darf der Ballen nie austrocknen, im Sommer kann durchaus reichlich gegossen werden. In der Regel reicht eine Düngung mit einem Kübelpflanzen-Langzeitdünger aus. Beim Umtopfen, mindestens alle drei Jahre, sollte Substrat mit vielen mineralischen Bestandteilen verwendet werden. In Australien oft Straßenbegleitgrün, ist der Zylinderputzer hier eine Kübelpflanze von Rang!

Von drei Schmucklilien setzt nur eine Pflanze Blüten an, was ist schiefgegangen?

Die Ursachen können sehr vielfältig sein. Wenn die Schmucklilien im Herbst vor dem Einräumen in das Winterquartier zu trocken und zu warm gehalten und die Nährstoffversorgung unterbrochen wurde, kann es Auswirkungen auf das Blühverhalten im folgenden Jahr geben. Schmucklilien lassen sich ja schlecht über die Pflanze gießen, da durch das üppige Blattwerk und die gute Durchwurzelung des Topfes das Gießwasser abfließen und der Pflanze fehlen würde. Im Untersetzer gegossen, nimmt sich die Pflanze das benötigte Wasser und man kann bei Bedarf nachgießen. Der Wasserverbrauch während der Saison ist durch das große Blattwerk bedingt relativ hoch. Eine gute Versorgung mit Nährstoffen ist unbedingt notwendig. Das Teilen der Schmucklilien sollte alle vier bis fünf Jahre erfolgen, wenn die Wurzeln den Topf zu sprengen drohen. Geteilte Pflanzen brauchen manchmal bis zu drei Jahre, um wieder gut zu blühen. Wenn zu dunkel überwintert wurde, sollten die Pflanzen beim Ausräumen zunächst schattig, aber dann in die volle Sonne gestellt werden. Die Blühwilligkeit steigt, wenn die Pflanze hell oder an einem Fenster bei etwa 5 °C überwintert.

Die Gurken im Gewächshaus bekommen gelbe und weiße Flecken an den Blättern. Was ist dagegen zu tun?

Es handelt sich wahrscheinlich um eine Mischpilzinfektion durch echten und falschen Mehltau. Die zu hohe Luftfeuchtigkeit gerade in Gewächshäusern muss man durch starkes Lüften ausgleichen, so beugt man der Krankheit vor. Wichtig ist die Verwendung von resistenten Sorten, die im Handel schon angeboten werden, und die Einhaltung der Fruchtfolge. Erst nach drei bis vier Jahren sollten Gurken wieder an dieselbe Stelle gepflanzt werden. Die Pflanzen bitte nicht über die Blätter gießen. Pflanzenstärkungsmittel sind in jeden Fall vorteilhaft. Bei auftretendem Erstbefall entfernen Sie die betroffenen Blätter und leiten Gegenmaßnahmen ein: Bewährt hat sich als Mittel gegen Pilzkrankheiten eine Mischung von Magermilch und Wasser (1:10). Diese Lösung ist nicht nur bei Pilzkrankheiten von Gurken einsetzbar, sondern ist auch erfolgreich gegen Pilzkrankheiten an anderen Pflanzen. Ein Einsatz von Fungiziden ist nur bei Befallsbeginn sinnvoll.

Wir haben einen Pfirsichbaum, die Blätter rollen sich zusammen und fallen ab, die Früchte fallen auch, was können wir tun?

Sind die Symptome mit den eingerollten und blasig ausgeformten Blätter sichtbar, ist eine Bekämpfung meistens schon zu spät. Wenn die Knospen zu schwellen beginnen, und das kann auch schon im Februar der Fall sein, empfehle ich Spritzungen mit biologischen Stärkungsmitteln im Abstand von etwa drei Wochen. Als Fungizid hat sich „Compo Duaxo Pilzfrei", vor dem Knospenaufbruch ausgebracht, bestens bewährt. Auch bei den Pfirsichen gibt es übrigens schon robuste und resistente Sorten.

„Auch bei Pfirsichen gibt es robuste und resistente Sorten."

Der Standort sollte sonnig und luftig sein. Achten Sie darauf, dass die Krone nicht zu dicht wird. Dort kann sich die Pilzerkrankung nämlich leichter ausbreiten. Also ist ein regelmäßiger Schnitt nach der Ernte empfehlenswert. Im Herbst müssen alle Blätter nach Blattfall entfernt werde, da die Pilzsporen sonst den Winter überdauern. Bei feuchter Witterung im Frühjahr ist der Befall größer, weil die Pilzsporen von den Knospen aus auf das ganze Gehölz durch häufigeren Regen übertragen werden können.

Wann darf man Salbei schneiden?

Unser Küchensalbei, Salvia officinalis, gehört wie Lavendel und Heiligenkraut zu den Halbsträuchern. In den basalen Teil verholzen sie und müssen daher immer gut geschnitten werden, um diesem Prozess entgegenzuwirken. Mein Rat: Schneiden Sie Salbei im März/April scharf zurück und er erfreut dann mit einem guten Durchtrieb, guter Blattentwicklung und Blüte. Eine einmalige Düngung nach dem Rückschnitt und ein sonniges Plätzchen im Garten lassen den Salbei gut gedeihen. Für unser sommerliches Gartenfest wird oft zur Begrüßung der Gäste ein Snack serviert: eine getrocknete Aprikose, die mit Schinkenspeck und einem Salbeiblatt umwickelt ist, und im Backofen erwärmt wurde.

Wer im Winter Salbeiblätter erntet, muss wissen, dass ihre sonst bekannte Wirkung für Tees stark nachlässt.

Für Kräutergärten oder mediterrane Gärten ist Salbei ein absolutes Muss!

Die Akebie blüht seit drei Jahren nicht. Was kann ich tun?

Geduld ist bis zur ersten Blüte gefragt, da Akebien oft erst nach fünf Jahren blühen. Sie sind einhäusig, das heißt, männliche und weibliche Blüten befinden sich an einer Pflanze. Vor allem die weiblichen Blüten zieren in der Normalform mit etwa drei Zentimeter großen, purpurfarbenen Blüten. Es gibt aber auch eine seltenere weißblühende Variante. Auch ohne Blüte hat das Blattwerk Schmuckcharakter. Oft bildet die Pflanze nach warmen Sommerwochen exotische, gurkenähnliche Früchte aus, die sogar essbar sind. Akebien sollten in strengen Wintern leicht geschützt werden. Blattschäden können eigentlich nur durch Sonnenbrand auftreten. Also meiden Sie Standorte mit Westausrichtung, wo die Sonne am Nachmittag erbarmungslos auf die Pflanze scheint und Blattverbrennungen auftreten können. Man sollte diese schöne Kletterpflanze ab und an zurückschneiden, um das Gehölz zu verjüngen, ein Verholzen einzuschränken und um eine gute Blattbildung zu fördern.

Claudia Look-Hirnschal hat erzählt …

VON DER VIELLEICHT SCHÖNSTEN ROSE

„Zu meinen Lieblingsrosen gehört die englische Rosensorte von David Austin: ‚Princess Alexandra of Kent'. Wie bei allen englischen Rosen sind Wuchsfreude vereint mit der Füllung und dem Duft alter Rosen. Dieser perfekten Blüte und dem irren Duft kann man einfach nicht widerstehen. Von ihr geht eine gewisse Leichtigkeit aus. Sie wächst kompakt mit runder Form, blüht gut nach und ist mit der intensiv rosafarbenen Blüte, in der Mitte fast apricot, ein echter Hingucker. Durch ihren kompakten Wuchs ist sie auch gut für Kübelbepflanzung geeignet. Die Rose zeichnet sich durch alle guten Eigenschaften aus, die eine moderne Rose mit sich bringen sollte. Für mich ist sie tatsächlich die Nummer eins in der Rosenbeliebtheitsliste."

VON DEN HEIMLICHEN ROSEN

OH, WER UM ALLE ROSEN WÜSSTE,
DIE RINGS IN STILLEN GÄRTEN STEHN –

OH, WER UM ALLE WÜSSTE,
MÜSSTE WIE IM RAUSCH DURCHS LEBEN GEHEN.

Christian Morgenstern
(1871–1914)

Am roten Fächerahorn werden die Blätter dürr, ist das ein Pilz?

In meinem Garten habe ich schon viel Lehrgeld bei dem Versuch bezahlt, verschiedene bildschöne Fächerahorne anzupflanzen. In der Regel ging es drei bis vier Jahre gut, bis besagte Erscheinung mit den trockenen Blättern oft im Spätsommer auftrat und sich anschließend spätestens nach einem Jahr verabschiedeten. Nur der einfache japanische Fächerahorn (Acer palmatum) hat überlebt. Es ist tatsächlich ein Welkepilz aus der Gattung Verticillium, der besonders bei trockener, warmer Witterung im Sommer auftritt, die Leitungsbahnen verstopft und besagte Welkeerscheinung auslöst. Ein Rückschnitt bis ins gesunde Holz bringt zunächst Entlastung. Empfohlen wird bei ersten Anzeichen der Pilzerkrankung ein Umpflanzen der Gehölze in eine leicht saure, humusreiche Erde mit mineralischen Zuschlagstoffen. Auf leicht sauren Böden kann sich die Krankheit nicht so schnell ausbreiten. Ich genehmige meinem letzten verbliebenen Exemplar in jedem Frühjahr eine Gabe Rhododendrondünger. In Kübeln ist der Infektionsdruck nicht so groß und sie gedeihen dort prächtig. Wer möchte schon auf solche wunderbaren Gehölze verzichten?

Letzte Maßnahme wäre eine Fungizidspritzung im sogenannten Mausohr-Stadium, also kurz bevor sich die Blätter öffnen.

Unsere chilenische Affentanne ist oben an der Spitze etwas grün, ansonsten braun. Ist sie noch zu retten?

Die chilenische Affentanne sollte nur in Gegenden mit milden Wintern gepflanzt werden. Ein Standort mit Schutz vor kalten Ostwinden wäre wünschenswert. Junge Exemplare brauchen in der Regel Winterschutz, ältere Gehölze vertragen die Winter besser. Man kann sich bei Fahrten durch die Lande gut orientieren, an welchen Standorten es sich lohnt, dieses anspruchsvolle elitäre Gehölz im eigenen Garten anzupflanzen.

Bei Dauerfrost unter –10 °C treten oft braun gewordene Zweige als Symptome auf. Diese entstehen meist durch Vertrocknen, da bei gefrorenem Boden und Sonnenschein der Wassernachschub nicht mehr funktioniert. Möglicherweise steht die Affentanne in einer Gegend, in denen die klimatischen Verhältnisse den Pflanzen wenig Chancen zum Überleben einräumt. Westlich des Rhein-Main-Gebietes und in Küstennähe kann man oft stattliche Exemplare bewundern. Da die Gehölze besonders exotisch wirken und wenig Nachbarn zulassen, sollten sie solitär gestellt werden. In Hausnähe gepflanzt, unterschätzt man oft das Breitenwachstum und sollte daher für entsprechenden Abstand sorgen.

Von meinen Rosen bilden viele keine Blüten, der Stiel endet mit Blättern, woran liegt das?

Eine Ursache könnte ein falsch gewählter Standort für die Rosen sein. In verregneten Sommern, bei zu feuchten Böden und in schattigen Lagen blühen Rosen oft schlecht. Ein sonniger Standort mit nährstoffreichen und durchlässigen Böden ist wichtige Voraussetzung zum guten Gedeihen. Der falsche Schnitt könnte ebenso verantwortlich für mangelhaftes Blühverhalten sein. Viele Gartenfreunde scheuen sich, ihre Edel- und Beetrosen auf circa drei Augen zurzeit der Forsythienblüte zurückzuschneiden. Doch das hilft! Danach sollte ein spezieller Rosendünger zum Einsatz kommen, anstelle eines stickstoffbetonten Düngers. Sollten wirklich einmal, wie im geschilderten Fall, Triebe keine Blüten bringen, empfehle ich einen Rückschnitt auf mindestens 50 Prozent der Trieblänge.

Bei den eigenen Rosen habe ich das Phänomen des Nichtblühens auch schon erlebt. Es war aber sortenabhängig, meist nur ein Trieb, der keine Blüten entwickelte. Diese habe ich dann um die Hälfte eingekürzt.

Muss ich nach der Blüte des Hängesommerflieders (Buddleja alternifolia) die Zweige schneiden?

Der wechselblättrige Sommerflieder blüht am vorjährigen Holz und braucht nicht jedes Jahr geschnitten werden. Ab und an sollte man im zeitigen Frühjahr einen Verjüngungsschnitt vornehmen und einige Triebe entfernen. Damit der typische Habitus des Gehölzes erhalten bleibt, gehen Sie bitte vorsichtig an die Sache heran!

Dieser Sommerflieder ist ein bevorzugter Nachbar für rosafarbene Rosen, zum Beispiel für die wunderbare Sorte ‚Fritz Nobis'.

„Hängesommerflieder und die Rose ‚Fritz Nobis' sind ideale Nachbarn."

Wann und wo blüht der Sanddorn?

Sanddorn ist zweihäusig und als allgemeine Empfehlung sollten Sie zwei weibliche Exemplare und ein männliches pflanzen, wobei das männliche Exemplar seinen Standort in der Hauptwindrichtung bekommen sollte. Da der Sanddorn bedingt durch den Ernteschnitt oft ein Jahr mit dem Ertrag aussetzt, können dann die weiblichen Exemplare wechselseitig geschnitten werden und eine Ernte ist jedes Jahr möglich. Gegenüber dem wilden Sanddorn sollten Fruchtsorten gepflanzt werden, die der herkömmlichen Art weit überlegen sind. Für die erste Ernte ist Geduld gefragt, denn es kann über fünf Jahre dauern, bis Sie erste Früchte ernten. Ein durchlässiger Boden bei voller Sonne ist Voraussetzung für ein gutes Gedeihen.

Man muss dem Sanddorn genug Raum geben, in kleineren Gärten ist Sanddorn kaum zu kultivieren. Im vorliegenden Fall ist der Sanddorn stark gewuchert, das heißt, er hat viel Wurzelausläufer gebildet, denen man schlecht Herr wird. Es empfiehlt sich deshalb schon nach der Pflanzung, das Einarbeiten einer handelsüblichen Wurzelsperre. Das kann man auch später noch nachholen, macht aber einen größeren Aufwand.

Jetzt blüht die Iris wunderschön, aber was mache ich, wenn die Blüte beendet ist?

Nach der Blüte müssen Sie die Stängel in Gegenrichtung des Rhizoms mit einem kurzen Ruck an der Basis herausbrechen. Die Blätter können, wenn sie gesund sind, an der Pflanze verbleiben. Trockene und kranke Blätter müssen auch weg. Sind allerdings bereits zur Blütezeit Pilzkrankheiten auf den Blättern festzustellen, ist ein Rückschnitt bis ins gesunde Laub zu empfehlen. Moderne Iris sollte man alle drei bis fünf Jahre umpflanzen, sonst werden sie blühfaul. Die beste Zeit dafür ist der Juli. Das Laub wird in Fächerform (etwa 20 Zentimeter lang) zurückgeschnitten und es werden nur gesunde Rhizomteile verwendet. Das Rhizom sollte nach der Pflanzung noch sichtbar sein und da die Iris Flachwurzler sind, dürfen die Wurzeln fast nur waagerecht, keinesfalls senkrecht eingepflanzt werden.

Auf die hohen Bart-Iris mit ihren wundervollen Blüten kann man im sonnigen Garten nicht mehr verzichten, auch wenn etwas „Kosmetik" notwendig ist und das ständige Ausbrechen verblühter Blüten etwas mehr Arbeit macht. Im Herbst werden die Blätter in besagter Fächerform geschnitten und ausgeputzt. So kommen sie gut über den Winter.

Der Juni im Garten Schöne

TÄGLICH GRÜSST DIE PFINGSTROSE „BARTZELLA“

Ich kann die Pfingstrosensorte „Bartzella“ nur in den höchsten Tönen loben. Mit den großen leuchtend hellgelben Blüten mit rötlichen Basalflecken in der Mitte begrüßt sie mich schon von Weitem im Garten. Das dunkelgrüne gesunde Laub ziert auch noch nach der Blüte. Ihr Blattschmuck lässt sich kombinieren, wenn sie zwischen Taglilien und Gräsern steht.

Bei mir steht die Pflanze im lichten Halbschatten und hat wie im Bild ersichtlich erstaunlich gut geblüht. An schattigeren Standorten lässt allerdings die Blüte nach. Ich empfehle daher zur vollen Blütenentwicklung einen sonnigen Standort.

Meine ‚Bartzella‘ habe ich geschenkt bekommen und bin dem Spender noch immer dankbar, da sie Jahr für Jahr immer mehr Freude bereitet. Es ist schon erstaunlich, dass viele unserer Gartenbesucher noch keine gelben Pfingstrosen kennen. Der Anschaffungspreis ist relativ hoch, wobei sich der Preis in den letzten 15 Jahren von etwa 60 Euro schon halbiert hat. Diese Investition wird kein Gartenfreund bereuen – da bin ich mir ganz sicher. Frisch geschnitten halten sich die Blüten auch einige Tage in der Vase. Ein leichter Zitronenduft weht vom Strauß aus.

Gerade bei sehr hohen Temperaturen während der Blütezeit, wie wir es in den letzten Jahren ja oft erlebt haben, geht der Flor relativ schnell vorbei. Ich besuche deshalb zur Blütezeit täglich meine ‚Bartzella‘, um möglichst viele Momente mit diesem Blühwunder zu genießen. Die Blütezeit schwankt je nach Witterung von Ende Mai bis Mitte Juni. In meinem Garten blüht sie meist erst Mitte Juni. Die intersektionellen Paeonien stehen übrigens zwischen Stauden- und Strauchpfingstrosen. Sie stellen keinen besonderen Anspruch an den Boden. Bei mir begnügt sie sich mit ganz normalem Gartenboden, bekommt aber im Frühjahr eine organische bzw. eine mineralische Volldüngung verabreicht. Warum man diesen Gartenschatz noch nicht so oft in den Gärten zu sehen bekommt, ist mir unverständlich. Ich kann Sie nur bestärken, diese besondere Pfingstrose bald in den Garten zu holen, wo sie ganz bestimmt auch bei Ihnen das Staudenbeet bereichert!

► Im Garten blühen Katzenminze (in Blau) und Frauenmantel (grüngelbe Blüten, oben). Gelbblühende Pfingstrose Bartzella und Steppenwolfsmilch mit roten Rosen (unten von links nach rechts)

In jedem Jahr überfällt ein Schädling meinen Schneeballstrauch und zerlöchert die Blätter. Was ist da los?

Es ist der Schneeballblattkäfer, der oft nur noch die Blattrippen stehen lässt, und den gesamten Strauch auch bei Teilbefall ziemlich trostlos aussehen lässt. Die gefräßigen Larven schlüpfen im Mai und verpuppen sich ab Ende Juni im Boden, aus denen sich dann die Käfer im August entwickeln. Die Bekämpfung kann zunächst vorbeugend erfolgen, indem im Frühjahr die Spitzen der mit Eiern belegten Triebe abgeschnitten werden. Ein Abklopfen der Käfer im August auf Bodentücher vermindert den Befallsdruck. Der Boden unter den Sträuchern sollte im Sommer bearbeitet und aufgelockert werden, um dorthin gelangte Puppen zu schädigen. Die direkte Bekämpfung nach Auftreten kann mit verschiedenen Insektiziden auf ökologischer Basis erfolgen. Wer also den Schneeballstrauch (Viburnum opulus) in seinem Garten haben möchte, muss doch einiges für dessen Gesunderhaltung tun.

Ich empfehle bei dieser Gelegenheit andere Schneeballarten, die mehr Freude bereiten und mit Krankheiten und Schädlingen wenig Probleme haben. Da wäre der Etagenschneeball zu nennen, der robuste Prager Schneeball sowie der mehr Platz beanspruchende runzelblättrige Schneeball.

Kann man die Indianerbanane wirklich bei uns kultivieren?

Jetzt noch relativ wenig bekannt, hat die sogenannte Indianerbanane (Asiminia) durchaus berechtigte Chancen, für uns ein Obstbaum der Zukunft zu werden! Die Früchte haben einen hohen Vitamin- und Mineralstoffgehalt und schmecken gut. Die Indianerbanane verträgt Fröste bis zu –20 °C. Selbst Spätfröste tun der Blüte nichts an, weil sie erst im Mai mit ansehnlichen purpurfarbenen Blüten aufwartet. Wer genügend Platz im Garten hat, sollte zwei verschiedene Sorten pflanzen, weil, obwohl eingeschränkt selbstfruchtbar, die Erträge durch Fremdbestäubung höher ausfallen. Nach etwa drei Jahren können Sie mit Ertrag rechnen. Die Früchte reifen nicht gleichzeitig und sind in Schüben zu ernten, wenn sich Gelb auf der grünen Schale zeigt. Das hat den Vorteil, über einen längeren Zeitraum ernten zu können. Die Früchte lassen sich nicht lange lagern.

Um sie zu essen, entfernt man die Kerne und löffelt die Früchte aus. Es ist ein absoluter Genuss, wenn die Früchte einen optimalen Reifezustand erreicht haben. Ein vollsonniger Standort mit einem normalen nicht zu saurem Boden wird bevorzugt.

Erst hat der Rhododendron wunderbar geblüht, jetzt sind die Knospen braun. Haben Wühlmäuse die Wurzel abgefressen?

Die Wühlmäuse sind in diesem Fall völlig unschuldig. Es handelt sich um eine Pilzkrankheit, die über die Rhododendron-Zikaden übertragen wird. Eine direkte Bekämpfung der Pilzkrankheit ist nicht möglich. Es müssen daher die Rhododendron-Zikaden bekämpft werden, was am besten gelingt, wenn bis spätestens Ende Mai den Larven der Garaus gemacht wird. Biologische Mittel, die jeder gute Gartenmarkt anbietet, sind dafür geeignet. Alle braunen Knospen sollten, wenn möglich, abgesammelt und über den Hausmüll entsorgt werden. Auch Gelbtafeln schränken den Befall ein, wenn sie im Sommer in die Sträucher gehängt werden.

Die Rispen des Rittersporns biegen sich und die unteren Blüten werden braun. Dabei hat er wunderbar getrieben? War es zu nass?

Wenn an den unteren Stängeln einige Blätter braun werden, ist das noch kein Grund zur Besorgnis, da besonders bei älteren Exemplaren diese Erscheinung häufig festzustellen ist. Diese Blätter können Sie leicht entfernen. Da Rittersporn im unteren Bereich für eine Beschattung dankbar ist und gern kniehohe Stauden mit dieser Aufgabe betraut werden, kann es durch den Schattendruck der Nachbarpflanzen auch zu braunen Blattbildungen kommen.

Schwieriger wird es, wenn die Blätter vom Echten Mehltau befallen werden. Der tritt sortenabhängig auf und wird durch lang anhaltende heiße Trockenperioden begünstigt. Mit Pflanzenstärkungsmitteln kann man hier entgegenwirken.

Die hohen Rittersporne, so die der Elatum-Gruppe, können über 180 Zentimeter hoch werden und benötigen in der Regel eine Stütze. Die Engländer stecken zu diesem Zweck schon nach dem Austrieb verschiedene Zweige, wie Haselnuss oder Ähnliches, in den umgebenen Boden. Diese wirken zunächst etwas störend, sind aber im ausgewachsenen Zustand einer Staudenrabatte ab Juni kaum noch sichtbar.

Standsicherer sind die Belladonna-Hybriden, die nicht so hoch werden, jedoch eine kürzere Lebensdauer als die Sorten der Elatum-Gruppe haben. Zu meinen persönlichen Favoriten dieser Gruppe zählen die schöne mittelblaue Sorte ‚Atlantis' und die hellblaue Sorte ‚Ballkleid'. Die Rittersporne zählen zu den wichtigsten Beetstauden und gedeihen in einem gut mit Humus versorgten Boden in sonniger Lage mit optimaler Nährstoffversorgung. Vorsicht ist beim Austrieb der Pflanzen geboten, da die Blätter für die Schnecken das ist, was für uns ein gutes Dessert wie Panna Cotta bedeutet. Sie werden oft über Nacht radikal abgefressen.

Meine kräftigen Petersilienpflanzen welken im Hochbeet – an deren Wurzelstock habe ich schimmelartige Flecken entdeckt, woran liegt das?

Staunässe, frischer Kompost, frischer Stalldung und zu viel Sonne können die Ursache für das Welken sein. Petersilie mag frische, humose Böden in sonnigen bis halbschattigen Lagen, wobei eine zu lange und intensive Sonneneinstrahlung vermieden werden sollte. Die Schimmelbildung deutet auf zu feuchtes Substrat oder auf Staunässe hin. Da sich viele Gartenfreunde am Grünen Telefon über schlechtes Keimen von Petersiliensamen und deren mühselige Weiterentwicklung geärgert haben, empfehle ich den Kauf von Jungpflanzen im Frühjahr, wo sich in kurzer Zeit prächtige Pflanzen entwickeln.

Zu viel Petersilie sollte man sowieso nicht verzehren, da der giftige Stoff „Apiol" enthalten ist. Das sollten besonders Schwangere beachten!

Dazu eine kleine Geschichte: Da zu einem Dreh über Petersilie die Fachfrau Dr. Helga Dietrich vom Botanischen Garten Jena wegen Stimmproblemen am Drehtag absagen musste, bat mich Claudia, den Part kurzfristig zu übernehmen. Einige Informationen am Telefon von Frau Dr. Dietrich waren hingehaucht und kaum zu verstehen. Aufgrund ihrer Infos gab ich die Story zum Besten, dass die Straßen, wo früher die Damen des ältesten Gewerbes der Welt werkelten, Petersilienstraßen genannt wurden. Das rührt daher, da Petersilie, in größeren Mengen genossen, Abtreibungen forcieren und diese Erkenntnis ab und an von den Damen genutzt wurde.

Nach der Gartenarbeit juckte meine Haut und ich hatte plötzlich einen Ausschlag. Was ist passiert?

Der Riesenbärenklau, der neben Jucken auch Hautverbrennungen verursachen kann, ist wohl nicht mit der Frage gemeint. Hautjucken kann auch durch Berührung von Pflanzen wie Diptam und Weinraute verursacht werden. Selbst, wenn man nur mit Handschuhen arbeitet. Darüber hinaus gibt es für allergiegeplagte Gartenfreunde noch andere Pflanzen, oft diejenigen mit starker Behaarung oder die sehr aromatischen, die Juckreize hervorrufen können. Das muss dann jeder für sich selbst herausfiltern und kann sich mit Handschuhen zumindest teilweise schützen.

Unsere Buchsbaumhecken sind befallen, kleiner weißer Schaum klebt an den Blättern. Was kann das sein?

Der nicht sehr appetitlich aussehende weiße Schaum auf dem Buchsbaum wird von den Larven der Wiesenschaum-Zikade verursacht. Ihr Speichel sieht aus wie Schaum und schützt sie. Schäden am Buchsbaum sind nicht zu erwarten und man kann mit einem scharfen Wasserstrahl die etwas irritierenden Schaumflecken gut beseitigen.

„Blumenpracht im Hochsommer."

JULI

Im Juli ist Zeit …

… auf Folgendes zu achten: Die anhaltende Trockenheit kann zu großen Problemen mit der Versorgung der Pflanzen mit Wasser führen, das kann unter Umständen zu komplett neuen Gartenplanungen führen, denn es gibt genug Pflanzen, die unter extremen Bedingungen gut gedeihen können. Das Zauberwort heißt Mulchen, und zwar mit anorganischen oder organischen Materialien und ab und an mit durchdringendem Wässern. Merke, auch nach Regen: Gießen der Kübelpflanzen ist unbedingt erforderlich

… für regelmäßiges Ausputzen von Schmetterlingssträuchern, Rosen, Beet- und Balkonpflanzen sowie Stauden

… zum Schneiden von Stecklingen von mediterranen Pflanzen (Rosmarin, Lavendel, Lorbeer, Heiligenkraut, Salbei etc.)

… um Schwertlilien zu teilen

… für die Aussaat zweijähriger Pflanzen (zum Beispiel Fingerhut, Stockrosen und Bartnelke)

… für Genuss: Blüten von Funkien, Taglilien, Borretsch, Gänseblümchen und Kapuzinerkresse können gegessen werden und zieren jeden Salat

… bei großfruchtigen Kürbissorten etwa drei Früchte pro Pflanze zu belassen

… Gemüse mit langer Kulturdauer wie Gurke, Kürbis, Tomate und Co jetzt noch zu düngen

… Dahlien zu stäben, anzubinden sowie auszuputzen

… Kübelpflanzen bei Hitze zweimal am Tag zu gießen (morgens und abends)

… auf Folgendes zu achten: „Säufer“ wie Oleander, Engelstrompete und Wandelröschen vertragen kurzzeitig auch Wasser im Untersetzer

… Hortensien im Topf täglich zu gießen

… bei Rosen auf Pilzkrankheiten zu achten. Vor allem auf Sternrußtau, befallene Blätter nicht auf den Kompost geben

… nach der Ernte Kirschbäume zu schneiden

Zuerst hatte ich einen Garten.
Jetzt hat der Garten mich.

Beim Freilandhibiskus fallen viele Knospen ab, was tun?

In der Regel entwickelt der Freilandhibiskus eine Unmenge von Blütenknospen, die aber kaum die Chance haben, komplett aufzublühen. Der reinigende Knospenfall dient dann dazu, dass die verbleibenden Blütenknospen sich optimal entwickeln können. Problematisch wird es erst dann, wenn fast alle Knospen abgeworfen werden und das Gehölz nicht mehr mit den wunderschönen Blüten brillieren kann. Ursache ist dann meist eine Trockenperiode oder das Gegenteil: stauende Nässe, die den totalen Knospenfall bewirken. Ein sonniger Stand mit durchlässigem Boden, eine gute Wasser- und Nährstoffversorgung lässt die Gehölze zu Stars im Garten werden. Für eine gut gewählte Nachbarschaft sind sie dankbar und ihre Wirkung wird noch besser.

Gibt es für Rosen ein wirklich gutes Mittel gegen Sternrußtau, ich habe schon viel erfolglos ausprobiert?

Zunächst muss die Frage beantwortet werden, was vorbeugend gegen die weit verbreitete und gefürchtete Pilzerkrankung getan werden kann: Wählen Sie bei der Auswahl an Rosen möglichst die Sorten aus, die gut resistent gegen Sternrußtau und andere Pilzkrankheiten sind. Es sind besonders die ADR-Rosensorten, die diese Eigenschaften mit sich bringen. Sonniger Stand mit gut durchlässigem Gartenboden und Versorgung möglichst mit organischem Rosendünger sowie die Verwendung von Stärkungsmitteln schränken weiterhin den Befallsdruck ein. Entfernen und entsorgen Sie alle befallenen Blätter, auch die im Herbst abgefallenen. Ich empfehle immer wieder, Rosen in Kombination mit passenden Begleitstauden zu pflanzen, da in einem Beet, in dem ausschließlich Rosen wachsen, sich Krankheiten schneller übertragen. Man kann auch mit einem systemischen Fungizid mit mindestens dreimaligen Spritzen im Abstand von drei Wochen nach Blattaustrieb den Sternrußtau gut bekämpfen.

Die Koreatanne ist wunderbar gewachsen, seit dem Frühjahr ist die Spitze dürr und braun, was tun?

Dass sich irgendwelche Larven oder Triebbohrer an der Koreatanne zu schaffen machen, ist eher die Ausnahme. Voraussichtlich handelt es sich um das Triebsterben, das ab und an auch bei Koreatannen dann auftritt, wenn keine idealen Wachstumsbedingungen vorhanden sind. Das wären ein geschützter Standort und kühler, feuchter sowie nährstoffreicher Boden. Schneiden Sie die betroffenen Triebe aus. Bei guter Nährstoffversorgung, zum Beispiel mit Ausbringen von Bittersalz, wachsen sich die Stellen an der Spitze schnell aus. In Trockenperioden, wie wir sie wohl künftig auch öfter erleben werden, sollte ab und an mit Wassergaben nachgeholfen werden. Für Tröge und Kübel werden die Zwergformen der Koreatannen immer interessanter. Bei guter Pflege sind es Schmuckstücke, die noch besser wirken, wenn Sie Naturstein und Polsterstauden geschickt dazu anordnen.

In meinem Gartenteich mit Seerosen sind die kleinen Blätter kaum zu sehen und bei den Seerosen mit großen Blättern werden diese gelb, was kann hier helfen?

Da hier keine tierischen Schädlinge erkennbar sind, tippe ich auf die Seerosenknollenfäule. Die Verwendung von zertifizierter Teicherde und nicht beliebiger Garten- oder Blumenerde in zu kleinen Pflanzgefäßen kann dann möglicherweise zu der gefragten Erscheinung führen. Mein Rat: Überprüfen Sie die Kulturbedingungen für die Seerose und verändern Sie diese. Eine Mindestteichgröße ist wichtig, um das biologische Gleichgewicht zu halten und einer Veralgung vorzubeugen. Auch die Wahl von Sorten kann von Bedeutung sein. Versuchen Sie Ihr Seerosenglück erst einmal mit robusten Sorten und überprüfen Sie dann den Platzbedarf und die benötigte Wassertiefe, am bestens vor der Pflanzung.

Mein Allium ‚Globemaster' ist verblüht, muss ich ihn schneiden oder neu setzen?

Alle hohen Alliumarten können nach dem Verblühen noch so lange im Beet verbleiben, bis sich die Stiele gelb färben und leicht aus der Zwiebel herauszuziehen sind. Wenn sie hartnäckig an der Zwiebel verbleiben, greift man einfach zur Schere. Die Vermehrungsrate ist bei den hohen Alliumarten recht hoch, und nach einigen Jahren sollten die Zwiebeln aufgenommen und davon nur die großen, blühfähigen wieder gepflanzt werden.

Sie sind absolut winterhart und zur Blütezeit Hingucker im Garten. Ich habe mit einer Wechselbepflanzung von Katzenminze und Frauenmantel durch die Pflanzung von hohen Alliumarten eine zweite Ebene geschaffen, die schon vor der Blüte der genannten Stauden für Aufmerksamkeit sorgt.

In guter Erinnerung sind mir die Besuche von „Arley Hall" und „Wisley Garden" in England, wo in den berühmten Doppelrabatten bereits im Mai, vor Beginn des großen Staudenfeuerwerks im Juni, die Allium das Zepter übernommen haben und Farbe in die Rabatten bringen.

Unsere 100-jährige Rose im Garten ist ziemlich groß und sieht nicht mehr schön aus. Sollen wir sie zurückschneiden?

Erst einmal herzlichen Glückwunsch zu einer 100-jährigen Rose, da so ein altes Exemplar nicht jeder im Garten hat. Die große Frage ist, wie bisher geschnitten wurde und ob sie stark verholzt ist, was anzunehmen ist.

Rosen können ja sehr alt werden. Die 1000-jährige Rose am Dom zu Hildesheim ist lebendiger Beweis dafür. Eine jährliche Substratverbesserung mit guter Rosenerde, ein sensibler Schnitt vor dem Austrieb im Frühjahr, um dem weiteren Verholzen entgegenzuwirken, und Nährstoffzufuhr durch einen organischen Rosendünger sind die Grundlage für weitere erfolgreiche Rosenjahre.

Bei Krankheiten und Schädlingen gilt besondere Sorgfalt und rechtzeitige Bekämpfung, wenn erste Symptome auftreten. Ich empfehle Rosenstärkungsmittel, um das Rosenlaub ohne Verluste über die Saison zu bringen.

Der Juli im Garten Schöne

MIT WUNDERBAREN YUCCA-INSELN

Von allen winterharten Gartenpflanzen haben es wohl vor allem die Palmlilien geschafft, sich voll auf den Klimawandel einzustellen. Dabei bringen sie schon von Hause aus alle guten Bedingungen mit. Das robuste blaugrüne Laub bildet exotisch wirkende Blattschöpfe, die Blütenstände werden etwa 120 Zentimeter hoch und wirken mit den ausladenden, glockenförmigen weißen Blüten sehr dekorativ. Der Gartenprofessor Karl Foerster hat aus einem sehr großen Yucca-Bestand, der eigentlich zu Versuchen mit Faserpflanzen angelegt wurde, Sorten wie ‚Schellenbaum', ‚Schneetanne', ‚Glockenriese' und andere ausgelesen und uns damit Sorten beschert, die heute noch großen Gartenwert besitzen.

Ich habe zwei Yucca-Inseln an verschiedenen Standorten im Garten, wollte diese ursprünglich schon aus dem Garten verbannen, da sie nicht recht zu meiner Gartenplanung passen wollten. Da sie aber die vollsonnigen Lagen sowie die anhaltenden Trockenperioden wie kaum eine andere Pflanzenart gut überlebt haben, musste ich ihnen das „Bleiberecht" im Garten bis auf Weiteres gewähren.

Ein gut durchlässiger Boden ist wichtig, da die daumenstarken Rhizome leicht faulen können. Zu Kahlfrostzeiten ist Fichtenreisig oder Vliesschutz zu empfehlen.

Yuccas können mediterranes Flair besonders dann verbreiten, wenn Nachbarpflanzen wie Steppenwolfsmilch, Lavendel, Salbei und Federgräser und so weiter die schöne Solitärstaude umschmeicheln. Die Pflege beschränkt sich auf das Ausputzen brauner Blätter und auf das Entfernen der alten Blütenstände. Nach dem Abblühen bilden sich neue Blattschöpfe, die verblühten können entfernt werden, sobald sie beginnen, unansehnlich zu werden.

▸ Yuccainsel im Garten (oben); Lewisien im Balkonkasten und winterharte Opuntie mit Hauswurz (unten von links nach rechts)

Die Orchidee (Phalaenopsis) hat viele Luftwurzeln, wie topfe ich sie um?

Obwohl die Schmetterlingsorchidee ein Wunder im Wuchs- und Blühverhalten ist und uns immer wieder durch jahrelanges Blühen in Erstaunen versetzt, sollte alle drei bis fünf Jahre umgetopft werden. Sonst ist das Substrat verbraucht.

Hierfür hat sich bei mir besonders das Orchideensubstrat mit „Seramis“ bewährt, das gleichzeitig die Standsicherheit im Topf erhöht. Das Frühjahr ist wohl die beste Zeit fürs Umtopfen, um den Wachstumsschub mit zu übernehmen, jedoch ist dies auch während der Saison möglich. Wenn sich viele Luftwurzeln gebildet haben, kann ein Teil mit in den neuen Topf gelegt werden. Den restlichen Teil belässt man an der Pflanze oder schneidet ihn ab, wenn er Sie stört. Praktisch zum Umtopfen sind die durchsichtigen Plastiktöpfe, in denen man das Wurzelwachstum – ein Anzeiger für gesundes Wachstum der gesamten Pflanze – gut beobachten kann. Wenn die Orchideen mit den Luftwurzeln aus dem Topf wachsen, ist es höchste Zeit zu handeln. Natürlich müssen die trockenen und faulen Wurzelteile entfernt werden. Die erste Zeit sollte weniger gegossen werden, damit das Wurzelwachstum angeregt wird.

An meiner Lilie geht ein Schädling an die Knospen, die werden braun und fallen ab. Gibt es eine Lösung?

Es ist schon ärgerlich, wenn man der Lilienblüte mit großer Erwartung entgegenfiebert und dann nur braune Knospen übrig bleiben, weil die Larven der Lilienfliege die Blütenansätze von innen schädigen. Erfolgreich behandeln kann man die Pflanze nur, wenn die Knospen noch erbsengroß sind. Gezielte Spritzung mit einem Insektizid oder mehrmaliges Sprühen mit Pflanzenjauchen können helfen.

Claudia Look-Hirnschal hat erzählt …

GESCHICHTE DER WEGWARTE

„Wenn ich spazieren gehe, dann habe ich oft schon darüber gestaunt, wie manche Pflanzen zu ihrem Namen gekommen sein könnten. Zum Beispiel die Wegwarte, die im Juli und August zartblau blüht und am Feld- oder Straßenrand steht. Hierzu kenne ich folgende Geschichte: Diese Pflanze erzählt von der Liebe eines jungen Mädchens, das sich in einen Offizier verliebt hatte. Einen Tages kam der Brief, in dem stand, dass er in den Krieg eingezogen wird. Sein Mädchen begleitet ihn bis zu einer Weggabelung, an der sie sich voneinander verabschieden wollten. Er sagte ihr bei der Verabschiedung: ‚Warte hier am Weg, bis ich wieder da bin.' Und sie wartete und wartete. Aber niemand kam. Das Mädchen war ganz traurig. Deshalb wollte Zeus ihr helfen. Er verwandelte sie in eine kleine zarte Pflanze mit hellblauen Blüten und nannte sie ‚Wegwarte', um das junge Mädchen zu erlösen.

Die Wegwarte ist tatsächlich ein Blühwunder und blüht trotz Trockenheit den ganzen Sommer über. Und sie bereichert jeden Naturgarten mit ihren schönen blauen Blüten. In schweren Zeiten wurden ihre Wurzeln getrocknet und gemahlen und dienten als Kaffeeersatz."

Die Lupine im Garten wird braun. Muss ich die Pflanze ganz zurückschneiden?

An Lupinen-Erlebnisse kann man sich besonders gut erinnern, wenn man mit der Bahn zur Blüte im Sommer unterwegs ist und sie ganze Bahndämme mit ihren typischen blauweißen Blüten erobern. Die eindrucksvollsten Erlebnisse mit Lupinen hatte ich auf einer Gartenreise durch das Baltikum, wo Lupinen vergemeinschaftet mit „Wilder Möhre“ ein bewegendes Patchworkbild bis zum Horizont abgaben. Zur Blütezeit können Lupinen wahrlich ein Feuerwerk von tollen Farben und Farbkombinationen abbrennen.

Nach der Blüte sollten die Blütenstängel abgeschnitten werden und das Laub erst dann, wenn es beginnt, abzusterben. Sie treiben im Herbst dann oft mit neuem Blattwerk durch, bilden aber eher selten im zweiten Anlauf neue Blüten. Ein kompletter Rückschnitt nach der Blüte kann zu Ausfällen führen. Trotzdem entsteht im Staudenbeet ein Loch oder zumindest über Wochen keine ansehnlichen Gartenbilder. Spät entwickelnde Stauden wie Astern, Anemonen und Gräser in der Nachbarschaft gepflanzt, kaschieren die Lücken. Lupinen zählen zu den kurz lebenden Stauden. Um ihre Vitalität zu erhalten, ist ein Teilen im Abstand von drei bis vier Jahren im Frühjahr zu empfehlen.

Viele kleine weiße Würmer sind auf dem Kompost an feuchten Stellen zu sehen. Was kann man dagegen tun?

Engerlinge wie die Larven des Rosenkäfers, die sich gerne in Komposthaufen einnisten, scheinen es nicht zu sein, sondern eher die Larven der Trauermücken, die sich wie beschrieben gern an feuchten Stellen aufhalten. Ursache können falsche Beigaben von organischen Materialien wie Küchenabfälle sein, die nicht auf den Kompost gehören und die besagte kleine Würmer entwickeln können. So haben etwa verdorbene Lebensmittel, Fleisch und Speisereste sowie Katzenkot nichts auf dem Komposthaufen verloren. Weiterhin vermeiden Sie am besten, dass der Kompost zu sehr durchfeuchtet. Bei Komposter schützt der Deckel vor zu viel Regen. Rasenschnitt sollte nicht zu feucht und zu viel auf den Kompost wandern. Beigaben von Urgesteinsmehl zum Kompost sind auch hier hilfreich.

Treten allerdings Engerlinge im Kompost auf, wie die Larven des Rosenkäfers und des Hirschhornkäfers oder des Nashornkäfers (vier bis fünf Zentimeter groß!), die schon etwas Besonderes sind und keine größeren Schäden verursachen: Dann sollten Sie diese beim Sieben des Kompostes aufsammeln und in den neuen Kompost überführen.

Gelbe und rote Käfer fressen die Blüten der Kapuzinerkresse, was kann ich tun?

Dass Blattkäfer auf Kapuzinerkresseblüten und -blättern Fraßschäden verursachen, ist selten. Sie ziehen eher schwarze Blattläuse an und halten diese somit von anderen Pflanzen fern. Ein Absammeln der Käfer wäre dem Einsatz von Insektiziden vorzuziehen. Gemüseschutznetze würden für Entlastung sorgen, doch ist ihr Einsatz bei der Kapuzinerkresse wenig sinnvoll, da man ja die Pflanze erleben möchte. Mit mehrfachen Anwendungen von Rainfarn- oder Brennnesseljauchen können die Käfer vertrieben werden.

Der Winterschneeball bekommt im Sommer oft trockene Triebe, was tun?

Das trifft besonders auf den Viburnum bodnantense zu. Selbst während der Blütezeit stört gelegentlich abgestorbenes Holz. Der Verursacher, ein Pilz, kann nur durch Rückschnitt bis ins gesunde Holz bekämpft werden. Anders als beim Japanischen Ahorn, bei dem nach den ersten Welke-Erscheinungen mit einem Totalverlust des Gehölzes zu rechnen ist, steckt der Schneeball die Erkrankung besser weg. Also ist der Gehölzschnitt beim Auftreten erster Symptome ein gutes Mittel, um der Pilzkrankheit beizukommen. Wie die Zaubernüsse sind die im Winterlichen blühenden Schneebälle unverzichtbar im Garten und sollten in Sichtnähe, wie in Vorgärten, noch mehr gepflanzt werden.

Unsere Stockrosen bekommen an den Blättern braune Stellen und werden dürr, was tun?

Ohne Stockrosen (Malven) würde den Bauerngärten und Vorgärten alter Fachwerk- und Umgebindehäuser sowie reetgedeckten Häusern etwas fehlen. Sie verkörpern schlechthin ländliche Idylle mit ihrem reichen Farbenspiel und kerzenhaften Aufbau.

Leider werden sie oft vom Malvenrost befallen, der sich besonders bei feuchtwarmer Witterung leicht ausbreitet. Malven sind zweijährig, sie entwickeln im ersten Jahr Blattrosetten und blühen dann im zweiten Jahr. Ein Rückschnitt nach der Blüte verlängert das Malvenleben, da sich die Pflanzen dann gut bestocken können und nicht alle Kraft in die Entwicklung der Samen investieren muss. Wichtig ist ein luftiger und sonniger Stand, der möglichst regengeschützt sein sollte.

So konnten wir in Schweden auf einer Gartenreise in einer Gasse wunderbare Malven bewundern, die direkt an der Hauswand gepflanzt, üppig und ohne Malvenrost blühten. Solch einen Standort im Garten zu finden, ist natürlich nicht ganz leicht, beziehungsweise oft nicht möglich. Auf stickstofflastige Düngung sollten Sie verzichten. Ein rechtzeitiges Entfernen erkrankter Blätter ist anzuraten. Der Einsatz umweltverträglicher Fungizide auf Schwefel- oder Kupferbasis garantiert gesundes Laubwerk. Malven sind insektenfreundlich, wobei sich Hummeln offensichtlich besonders wohl in Malvenblüten fühlen.

Kann ich neben dem giftigen Buchsbaum Gemüsepflanzen anbauen?

Das ist ohne Weiteres möglich. Gerade in Bauerngärten spielte und spielt der Buchs als Umgrenzung für Gemüsebeete eine nicht zu ersetzende Rolle. Schädigende Wechselwirkungen von Buchs auf Gemüse sind nicht bekannt. Sie können bedenkenlos weiter Ihren Salat und Co anbauen.

Ein besonders gelungenes Beispiel der Kombination zwischen Buchseinfassung und Gemüsebeeten kann man in Frankreich, im berühmten Schlossgarten von Villandry, besichtigen. Hierher führte uns auch eine MDR Gartenreise. Selbst einfache Gemüsearten wie Porree, Rote Bete, Pastinaken adelt der Buchs, der die Beete einrahmt. Hier ist schon ein Kunstwerk entstanden.

Wie kultiviere ich einen noch kleinen Freilandfrauenschuh?

Der Frauenschuh gehört zu den geschützten einheimischen Orchideenarten, die den versierten Pflanzenliebhaber ansprechen. Sie werden mittlerweile als reine Art, öfter auch als Hybriden, von Staudengärtnereien kultiviert und in Gartencentern sowie Pflanzenmärkten angeboten.

Die Wahl des Standortes ist für eine erfolgreiche Kultur bei dieser exquisiten Pflanze besonders wichtig. Im lichten Schatten, auf kalkreichen und mit vielen Steinen durchsetzten Waldböden gedeihen sie prächtig. Bei Neuanpflanzung ist ein humusreicher, mit vielen mineralischen Bestandteilen durchsetzter Boden ein wichtiges Kriterium zum Anwachsen.

„Der Frauenschuh ist eine anspruchsvolle Liebhaberpflanze."

Kleine Pflanzen benötigen oft fünf Jahre, bis zur ersten Blüte. Wer nicht so viel Geduld aufbringen möchte, sollte beim Kauf auf ältere Exemplare zurückgreifen. Im Austrieb sind diese kostbaren Pflanzen vor Schneckenfraß zu schützen. Edle Farne in der Nachbarschaft unterstreichen die Wirkung dieser schönen Liebhaberpflanze.

Unser Regenwasser kommt über ein Asbest-Dach. Ist das schädlich für das damit gegossene Gemüse?

Auf alten Asbest-Dächern besteht nur dann Gefahr, wenn feine Asbestfasern durch Bearbeiten oder Entsorgen freigesetzt werden.

Das über das alte Asbestdach aufgefangene Regenwasser kann unbedenklich auch für Gemüsebeete genutzt werden, da Asbest auf Dächern in stark gebundener Form vorhanden ist. Selbst wenn Asbestfasern in den Boden gelangen sollten, nehmen die Pflanze diese nicht auf. Das Regenwasser kann also unbedenklich genutzt werden.

Meine hohe Phlox-Sorte bekommt zu Blühbeginn gelbe Blätter, wie von Mehltau befallen. Soll ich den Standort wechseln?

Es ist die „Wappenblume" des Sommers, der hohe Stauden-Phlox, der in vielen Farben und mit dem von mir so geliebten markanten Duft blüht. Es ist eine typische Staude, die auf gut gepflegten Rabatten, ohne von Nachbarpflanzen bedrängt zu werden, zu Hauptakteuren im sommerlichen Beet werden.

Wo viel Licht ist, so gibt es auch wie im richtigem Leben viel Schatten. Damit ist die Anfälligkeit der hohen Phloxe gegenüber dem weitverbreiteten Echten Mehltau gemeint. Ein luftiger sonniger Standort im nicht so dichten Stand beugt der Krankheit vor. In heißen Sommern brauchen die Pflanzen viel Wasser. Abgestorbene Pflanzenteile, vor allem Blätter aus den unteren Regionen sind sofort zu entfernen. Mit Pflanzenstärkungsmitteln habe ich gute Ergebnisse erzielen können.

Wer trotz alledem Probleme mit dem hohen Stauden-Phlox und den Standortbedingungen im Garten hat, dem sei Phlox amplifolia empfohlen. Dieser ist nicht so empfindlich gegenüber Pilzkrankheiten und auch Standorttoleranter. Das Farbspektrum und die Sortenvielfalt sind zwar nicht so groß, aber man muss nicht auf sommerliche Phloxfreuden verzichten.

Der Thymian steht im Blumenkasten auf dem überdachten Balkon, ich gieße jeden Tag, warum wird er trotzdem dürr?

Thymian fühlt sich in durchlässiger Erde in sonnigen Lagen im Blumenkasten oder ausgepflanzt wohl und kommt normalerweise mit den natürlichen Regenmengen gut aus. Wenn er jeden Tag gegossen wurde, sind die Wurzeln dadurch sicherlich geschädigt und möglicherweise Fäulnis ausgesetzt. Thymian ist auch in der Lage, Trockenperioden ohne zusätzliche Bewässerung zu überstehen. Mit ganz wenig Wasser kann zum Beispiel Wollthymian auskommen, der filzig behaarte Blätter hat und polsterartig wächst. Der aromatische Küchenthymian wird etwa 20 Zentimeter hoch und sollte nach einem leichten Winterschutz im Frühjahr um die Hälfte zurückgeschnitten werden.

Beeindruckend sind die Kiesbeete der Engländer, in denen der Thymian in über 100 Sorten überraschende Blütenfarben bereithält.

„Früchte kommen.
Blüten gehen."

AUGUST

Im August ist Zeit ...

... für den Heckenschnitt von Eiben, Lebensbäumen und Scheinzypressen

... für den Schnitt von Buchsbaum an trüben Tagen

... gegen Buchsbaumzünsler vorbeugend mit Algenkalk zu sprühen, direkte Bekämpfung ist mit Bacillus thuringensis möglich

... für den Sommerschnitt von Pflaumen und Aprikosen

... um Blauregentriebe zu kürzen

... für die Vermehrung von Minzen durch Teilung oder Stecklinge

... um Fadenalgen in Gartenteichen abzufischen

... Erdbeeren zu pflanzen

... Petersilie, Feldsalat und Spinat auszusäen

... für die Gründüngung nach dem Abernten von Gemüsebeeten (z. B. mit Winterwicke, Buchweizen und Bitterlupine)

... für die Pflanzung von Steppenkerzen, Madonnenlilien, Kaiserkronen, Herbstzeitlosen und Herbstkrokussen

... um Wintersteckzwiebeln zu setzen

... um abgetragene Himbeerruten bodennah zurückzuschneiden

... um Gurken, Sellerie, alle Kübelpflanzen und den Rasen durchdringend am Abend oder am frühen Morgen zu wässern

„Die Frage ist immer:
Habe ich kein Glück mit der Pflanze
oder hat die Pflanze kein Glück mit mir?"

Alte Gärtnerweisheit

Wann ist für die Sternmagnolie im Garten der beste Zeitpunkt zum Umpflanzen?

Das Umpflanzen ist im zeitigen Frühjahr und Herbst möglich. Voraussetzung ist ein gut gestochener Ballen. Man sollte also mindestens ein halbes Jahr vor dem geplanten Umpflanztermin beginnen, den erforderlichen Ballen, der im Verhältnis zur Größe der Pflanze stehen muss, mindestens spatenstichtief zu umstechen. Dieser Vorgang sollte in Abständen mehrfach erfolgen, dass sich möglichst viele Faserwurzeln bilden und der Ballen beim Aufnehmen nicht auseinanderfällt. Bei einer guten Vorbehandlung des Ballens können auch größere Gehölze umziehen.

Das Laub unserer Skimmia wird immer heller, teils sogar gelb. Die Pflanze bildet Blüten, aber die Blätter sehen nicht besonders schön aus, wie sollen wir reagieren?

Skimmien sind attraktive immergrüne Sträucher mit tollen Blüten und Beerenschmuck. Vor direkter Sonneneinstrahlung geschützt, gedeihen sie auf leicht sauren Böden und sind auch im Winter neben den vielen anderen immergrünen Sträuchern ein Hingucker.

Wenn möglich sollten Sie mit Regenwasser gießen, da Skimmien wie Kamelien auf „hartes“ Wasser negativ reagieren. Blattchlorosen, also eine untypische Gelbfärbung der Blätter, treten vor allem auf Kalkböden und bei Verwendung von „hartem“ Gießwasser auf. Im Sommer reagieren Skimmien positiv auf regelmäßige Wassergaben und mehrmaligen Flüssigdünger (maximal bis Ende Juli). Wie bei allen Immergrünen bedanken sich die Skimmien für ein ständig mäßig feuchtes Substrat, das auch im Winter nie austrocknen darf. Daher ist ein Mulchen mit organischen Materialien vorteilhaft.

In unserem Garten findet sich auf Beeten und im Rasen eine braune, gallertartige Masse. Was ist das?

Besonders in regenreichen Sommermonaten findet sich auf Beeten und seltener im Rasen eine bräunliche, schleimige Schicht, die von verschiedenen Algen (Blaualgen, Grünalgen, Kieselalgen) hervorgerufen wird. Auf Beeten und Rasenflächen können diese nach einer kurzen Trockenphase abgeharkt werden. Rasenflächen sollten ausreichend gedüngt und im Frühjahr vertikutiert werden. Bei eventuell auftretenden Schäden ist Nachsäen mit anschließendem Absanden hilfreich. Größere Schäden durch die Algeninvasion habe ich bisher noch nicht festgestellt. Es sieht lediglich unschön aus und ärgert den Gartenästheten.

Die Apfelbeere „Nero" hat im vergangenen Jahr Früchte getragen. Sie steht sonnig, aber in diesem Jahr sind nur Blätter gekommen. Woran liegt das?

Auf kalkarmen Böden in sonniger bis halbschattiger Lage gedeihen die vitaminreichen Apfelbeeren besonders gut. Die Sorte „Nero" hat größere Früchte und ist eigentlich für regelmäßige Erträge bekannt und beliebt. Im Jugendstadium können die Apfelbeeren jedoch mit dem Ertrag durchaus mal pausieren. Die Apfelbeere gehört zu den wertvollen Wildobstarten und hat neben der ansehnlichen Blüte auch eine schöne Herbstfärbung.

Das Gehölz mit den vitaminreichen und, so sagt man ihnen nach, krebsmindernden Beeren sollte auch in freiwachsenden Hecken viel mehr angepflanzt werden.

Warum werfen zurzeit Platanen ihre Rinde ab?

Es ist ein Phänomen, nach dem besonders im „Trockenjahr" 2018 viele Menschen fragten: Die Platane ist die einzige Baumart, die sich im Rhythmus von drei bis vier Jahren „häutet", das heißt, sie befreit sich von alten Rindenstücken. Extrem auffällig war es tatsächlich 2018, wo unter den Platanen Unmengen von Rindenstücken lagen und das Interesse vor allem bei Stadtbewohnern hervorrief. Tatsächlich war das Frühjahr 2018 dank vieler Niederschläge von hohem Wachstum geprägt und das „Korsett" wurde im Sommer zu eng. Deshalb fiel besonders viel Rinde ab. Durch die Trockenheit bedingt kam es sogar zum Abwurf auch härterer und größerer Platten. All das ist aber kein Grund zur Besorgnis, da sich die neue Rinde unter der alten wieder gut etabliert hat und die Platanen auch durch den viel beachteten Rindenabwurf keinen Schaden genommen haben.

Unsere Goldulme steht seit vielen Jahren im Garten. Dieses Jahr sind kleine grüne Kügelchen auf den Blättern, was ist das?

Es sind Gallmilben, die unter anderem auch an den Goldulmen diese grünen Knötchen auf den Blättern verursachen. Befallene Partien können Sie herausschneiden oder, bei geringem Befall, nur einzelne Blätter entfernen. In den Frühjahrs- und Sommermonaten vermindern Sie mit Spritzen von Brennnessel- oder Rainfarnbrühen den Befall. Auch mit Raubmilben und den Larven der Florfliegen ist eine Bekämpfung der Gallmilben möglich. Ob deren Einsatz allerdings bei mittelgroßen Bäumen wie der Goldulme sinnvoll ist, muss jeder für sich entscheiden.

Die Gladiolen blühen nicht mehr auf, warum?

Das kann an der Knollenfäule liegen, die der Pilz Fusarium hervorruft. Dieser Pilz ist oft schon vor der Pflanzung während der Lagerung beziehungsweise beim Kauf an den Knollen festzustellen: Schält man bei Stichproben die schützenden Hüllen der Knollen ab, erkennt man gegebenenfalls bräunliche Vertiefungen. Eine vorzeitige Ernte der Knollen trägt zur Gesunderhaltung bei. Ernten Sie also die Knollen nicht erst, wenn die Blätter schon braun sind. Auch ein ständiger Standortwechsel sollte eingehalten werden. Die Lagerung der Knollen im Winterquartier sollte kühl und trocken erfolgen. Verjüngen Sie Ihre Bestände ab und an durch Neukauf gesunder Knollen.

„Verjüngen Sie ab und zu den Bestand mit neuen und gesunden Gladiolen."

Claudia Look-Hirnschal hat erzählt …

DIE GESCHICHTE DER SONNENBLUME

„Der Legende nach hat sich ein junges Mädchen namens Clytia in den Sonnengott Helios verliebt, der ihre Liebe leider nicht erwiderte. Sie tat vor Liebe nichts, als neun Tage lang nur zu schauen, wie der Sonnengott seinen Wagen über den Himmel bewegte. Dann erbarmte sich Zeus und verwandelte die unglückliche Clytia in eine Sonnenblume – Helianthus – die Blume, die sich stets zur Sonne dreht. Ihren Namen verdankt die Sonnenblume also der griechischen Mythologie.

Die Sonnenblume stammt ursprünglich aus Amerika, sie soll etwa 1000 v. Chr. kultiviert worden sein. Der spanische Eroberer Francisco Pizarro soll im 16. Jahrhundert beobachtet haben, wie die Inkas die Sonnenblume als Abbild ihres Gottes verehrten. Sowohl Bilder wie auch Samen der Sonnenblume wurden 1552 von spanischen Seefahrern aus Amerika in die Alte Welt nach Europa gebracht. Dort wurde sie zunächst als Zierpflanze angebaut. An sonnigen Tagen verfolgt die Knospe die Sonne auf ihrer Reise entlang des Himmels von Ost nach West, während sie nachts oder in der Morgendämmerung auf ihre nach Osten gerichtete Position zurückkehrt. Allerdings drehen sich nur die Blätter und Knospen nach der Sonne, nicht jedoch die Fruchtstände.

Heute sind Sonnenblumenfelder ein Anblick, der keinen kalt lässt: ein riesiges Meer leuchtender gelber Blüten. Schneiden Sie die Blumen am besten morgens, wenn sie mit Wasser vollgesogen sind. Das meiste Blattgrün sollte gleich nach dem Schnitt entfernt werden, das senkt die Verdunstung. Ein guter Schutz gegen zu schnelles Welken ist Zeitungspapier. Sonnenblumen halten sich länger in der Vase, wenn nur wenige Körbchenblüten in der Mitte geöffnet sind."

Woran kann man die Rutenkrankheit bei den Himbeeren erkennen?

Die Rutenkrankheit bei Himbeeren ist eine Pilzmischinfektion und kann besonders bei älteren Beständen große Schäden verursachen. An den vorjährigen Ruten erkennt man die Krankheit an den vielen schwarzen Punkten in Knospennähe und an den violetten Flecken an den Ruten sowie an Welkeerscheinungen. Verletzungen an den Pflanzen begünstigt das Eindringen der Pilzerreger. Auch die Himbeerruten-Gallmücke kann durch Verletzung des Gewebes den Pilzsporen das Eindringen erleichtern. Himbeerpflanzungen sollten immer gut ausgelichtet und alle zehn Jahre an einem anderen Standort erneuert werden.

Achten Sie beim Kauf auf widerstandsfähige Sorten gegen die Rutenkrankheit wie ‚Elida', ‚Gradina' und die späte Sorte ‚Autumn Bliss', die nach der Ernte komplett zurückgeschnitten wird und am diesjährigen Holz trägt.

Gut gemulchte Bestände verhindern, dass Pilzsporen aus dem Boden auf die Pflanze gelangen. Die befallenen Ruten sollten sofort herausgeschnitten und entsorgt werden (nicht auf dem Kompost!).

Wann und wie kann ich meinen dreijährigen Goldregen schneiden?

Wer einmal durch einen der berühmten Goldregentunnel in England gegangen ist, kann nachvollziehen, zu welchem grandiosen Blütenreichtum dieses Gehölz fähig ist. Der anspruchslose Strauch gedeiht in Sonne wie auch im Halbschatten auf jedem normalen Gartenboden.

Ein Schnitt zum Aufbau des Gehölzes ist nicht notwendig, aber, siehe Goldregentunnel, möglich. Ich plädiere dazu, Goldregen nur dann zu schneiden, wenn er zu groß wird oder die Nachbarschaft bedrängt. Ein starker Rückschnitt ist nicht empfehlenswert, da er schwer wieder in die Gänge kommt.

Die Goji-Beeren setzt nur Blätter an, die Pflanze bildet Triebe, aber keine Blüten. Woran liegt das?

Goji-Beeren sind selbstbestäubend und tragen etwa ab dem dritten Standjahr die begehrten gesunden Früchte. Wichtig ist der Schnitt. So sollten junge Pflanzen im ersten Standjahr auf circa 20 Zentimeter zurückgeschnitten werden, um eine gute Verzweigung zu erreichen. In den nächsten Jahren sollten nur fünf bis sechs Triebe stehen bleiben. Nach etwa fünf Jahren können die alten Haupttriebe entfernt und neue Triebe nachgezogen werden. Der Einbau einer Wurzelsperre verhindert das unkontrollierte Ausbreiten des Bocksdorns durch Wurzelausläufer.

Beim Kauf sollten Sie auf guttragende Sorten der Goji-Beere achten, etwa „No. 1/Lifeberry", „Turgidus" oder „L 22". Das anspruchslose Gehölz ist wegen der vielen gesundheitlichen Vorzüge seiner Beeren wert, viel häufiger gepflanzt zu werden.

Der August im Garten Schöne

ES SUMMT IM SOMMERFLIEDER

Im August gehört unser Garten zweifelsohne dem Sommerflieder (Buddleien). Da ich ihn jedes Jahr im März stark zurückschneide, braucht er immer etwas länger, um den Blütenreigen zu eröffnen. Nicht nur ich warte auf den üppigen Flor ab Anfang August, auch die Schmetterlinge, Bienen, Hummeln und anderen Insekten stehen schon in den Startlöchern. Der so umworbene Blütenstrauch wird zur Blütezeit zum Schauplatz für meine Frau und mich und wir stellen immer wieder fest: Bis zu diesem Zeitpunkt hat dem Garten etwas gefehlt, obwohl in dem artenreichen Garten auch andere insektenfreundliche Pflanzen auf einen Besuch warten.

Mit der Blüte beginnt allerdings auch eine intensive Arbeitsperiode, die sich bis zum ersten Frost hinziehen kann. Um einen ständigen Flor zu erzielen, um damit den Insektenmagneten am Leben zu erhalten, muss ich mindestens einmal pro Woche zur Schere greifen, um Verblühtes zu entfernen. Nur dann bilden sich weitere Blüten, die allerdings nicht mehr die Größe erreichen wie beim ersten Flor.

Den Ausbreitungsdrang dieses Gehölzes sollte man bei der Pflanzung berücksichtigen, denn die Sommerflieder gehen auch in die Breite und können durchaus zur Konkurrenz für die benachbarten Pflanzen werden. Buddleien sind im Winter hart im Nehmen und es ist immer wieder erstaunlich, dass die Blätter den Frösten oft widerstehen und im Frühjahr noch grün sind. Das verleitet viele Gartenbesitzer dazu, auf einen kräftigen Rückschnitt zu verzichten. Das Resultat sind zu kleine Blüten und spärliches Wachstum. Greifen Sie also im März zur Schere!

Noch etwas: Taglilien in verschiedenen Blütezeitgruppen sind ideale Pflanzen zum Füllen des „Sommerlochs", da gerade nach den Juliwochen das Blühen im Garten abnimmt. Auch hier hat die Züchtung Großartiges geleistet. Aus Platzgründen konnte ich leider nur einige wenige Sorten in den Garten holen. Diese sorgen aber immer wieder für überraschende Bilder, gerade bei morgendlichen Gartenspaziergängen. Da die Taglilien tatsächlich nur einen Tag blühen, müssen gerade bei den neueren Sorten die alten Blüten täglich entfernt werden. Wie die Blüten sind auch die Knospen essbar und können für fantasievolle, sommerliche Menüs bewusst eingesetzt werden.

Sie sind zwar nur Schönheiten für einen Tag, aber mit ihren vielen Knospen sorgen sie für längere Blühzeiträume. Raffinierte Züchtungen katapultieren sie in die erste Riege der Gartenpflanzen.

▸ Sommerflieder (oben) und Taglilien in Gelb und Rot (unten).

Meine Tomaten haben grünen „Pops", sie sind am Blütenansatz grün. Wie kommt das?

Während die Früchte reifen, verfärben sie sich am Stielansatz nicht ausreichend rot. Es bleibt ein sogenannter grüner oder gelber Kragen zurück. Das Fruchtfleisch in diesem Bereich bleibt hart. Ursachen dafür können an zu großer Erhitzung der Pflanzen im Sommer bei extremer Sonneneinstrahlung und übermäßiger Bewässerung liegen. Die äußeren Früchte sind meist stärker betroffen. Zu starkes Ausgeizen und zu hohe Stickstoffgaben können diese Erscheinung ebenfalls begünstigen.

„Ungewöhnliche Tomatensorten liegen im Trend."

Bevorzugen Sie bei der Sortenwahl helle Fruchttypen, wie zum Beispiel ‚Matina' oder ‚Dolce Vita'. Dieser physiologischen Störung kann man also mit optimalen Kulturbedingungen gegensteuern.

Meine stachellose Brombeere entwickelt spät Blüten und die Früchte reifen schlecht. Was kann ich tun?

Das hat sicherlich etwas mit dem Schnitt der Brombeeren zu tun, da sich im vorliegenden Fall vielleicht zu viele Triebe gebildet haben. Im zeitigen Frühjahr sollten ältere Triebe bodennah entfernt werden und nur drei bis vier Haupttriebe stehen bleiben. Die Seitentriebe werden auf etwa 20 bis 30 Zentimeter eingekürzt. Wenn die Seitentriebe nicht eingekürzt werden, bilden sich viele kleine Früchte, die dann oft zu spät reifen. Wichtig ist das waagerechte Anbinden der langen Ruten an ein Drahtspalier, das etwa 180 Zentimeter hoch sein sollte.

Der Schnitt der Brombeeren ist also das A und O der Kulturbedingungen. Kompostgaben im Frühjahr reichen als Nährstoffeintrag aus.

Wann und wie schneide ich meine Schneeballhortensie?

Die Hortensien ‚Annabelle' und ihre Schwester ‚Rosa Annabelle' haben die Hortensienwelt im Garten maßgeblich beeinflusst. An deren großen Blütenbällen geht man nicht ohne zu staunen vorbei.

Sie blühen am diesjährigen Holz und müssen im Frühjahr, vor dem Austrieb, stark zurückgeschnitten werden, um kräftige Blühstiele zu bilden. Für gute Düngergaben, zum Beispiel mit Hornspänen, sind sie dankbar. Auch im Winter zieren die braunen Blütenstände, vor allem mit Schnee und Raureif. Da die blütenschweren Triebe gerne umfallen, sind Stützen eventuell hilfreich.

Wir haben eine Tamariske, die hängt so weit über, dass es bald stört. Wo setzen wir die Schere an?

Leider sieht man diesen schönen anspruchslosen Strauch eher seltener in den Gärten. Im späten Frühjahr tauchen sich die Tamarisken in ein Meer rosafarbenen Blüten. Ein Verjüngungsschnitt empfiehlt sich wie bei anderen Ziergehölzen im Frühjahr, indem Sie die älteren Triebe herausschneiden. Dann muss man auch nicht auf die Blüte verzichten. Ein radikaler Rückschnitt ist möglich, bringt jedoch den Verzicht der Blüte möglicherweise für einige Jahre mit sich.

Tamarisken habe ich durch ihre Salzverträglichkeit oft in Küstenregionen gesehen, wo sie ihren mediterranen Charakter voll ausspielen können.

Kann man Kletterrosen und Ramblerrosen zusammen an eine Hausecke pflanzen?

Kletterrosen und Ramblerrosen dürfen keinesfalls zusammen gepflanzt werden, da die stark wüchsigen Ramblerrosen den Kletterrosen den Garaus machen würden.

Dabei denke ich an die ehemaligen Apfelbäume in England, die durch Ramblerrosen zu Rosenbäumen umfunktioniert wurden. Selbst Clematis haben hier kaum Chancen, sich als Partner durchzusetzen.

In meinem Garten hat die Ramblerrose ‚Kiftsgate' eine Birne erobert und blüht überschwänglich in acht Meter Höhe. Für die Hausecke wäre also eine Kletterrose zu empfehlen, da Ramblerrosen den Rahmen mit ihren bis zu drei Meter langen Jahrestrieben sprengen würden.

Muss man die Pfauenlilien (Tigridien) jedes Jahr aus der Erde nehmen oder kann ich sie mehrjährig im Boden lassen?

Es sind farbenprächtige Boten des Sommers: die Pfauen- oder Tigerlilien. Leider sind die schönen Blumenzwiebeln nicht winterhart und müssen wie Dahlien vor den ersten Frösten aus dem Freiland in das schützende Haus geholt werden. Wenn die Pflanzen im Kübel gestanden haben, können sie auch in denen trocken und bei Temperaturen unter 15 °C überwintert werden. Ausgepflanzte Exemplare können wie Dahlien überwintert werden, wobei ein Einschichten in Kisten mit Sägespänen oder ähnlichem Material vorteilhaft ist. Eine Vorkultur ab April in Töpfen mit durchlässigem Substrat ist empfehlenswert, da die Tigerlilien erst nach den Eisheiligen ins Freiland gebracht werden dürfen.

Wie bei vielen Blumenzwiebeln ist die Pflanztiefe (etwa dreimal so tief wie die Zwiebelhöhe) zu beachten. Bringen Sie unter den Zwiebeln eine Drainageschicht aus scharfem Sand oder Kies aus.

Die farbenfrohen Tigerlilien verlangen nach ruhiger Nachbarschaft und können sehr gut mit Gräsern, wie Blauschwingel kombiniert werden.

Ich habe im Garten jede Menge Feuerwanzen entdeckt, richtiggehende Klumpen. Wie bekomme ich diese auf natürliche Art wieder los?

Feuerwanzen sind ungebetene Gäste im Garten, zumal sie zumeist in Kolonien auftreten und dann lästig werden. An trockenen warmen Stellen, beispielsweise an Hausecken, halten sie sich gerne auf. Sie ernähren sich von toten Insekten und saugen gern Blätter von Malvengewächsen und Linden, richten aber keinen nennenswerten Schaden an. Wenn sie bedroht werden, sondern sie ein unangenehm riechendes Sekret zum Schutz ab.

Die einfachste Bekämpfungsmethode ist ab und an mit einem Wasserstrahl die Feuerwanzen zu vertreiben. Auch ein Aufkehren der lästigen Käfer und Ausbringen in Naturgefilden ist möglich. Das Spritzen mit einer Lösung von Spülmittel und Wasser kann ebenso Erfolg bringen.

In einer Gartensendung erzählte jemand von einer Pflanze, die besonders viele aromatische Düfte verströmt. Was ist das für eine Pflanze?

Das ist wirklich eine ganz besondere Pflanze, die in keinem Garten fehlen sollte: Die Zitronenverbene kaufe ich jedes Jahr zu den Blumenmärkten im Frühjahr, da sie leider nicht frosthart ist. Eine Überwinterung ist möglich, wenn die Pflanzen stark eingekürzt werden und vor den ersten Frösten in einem kühlen Raum unterkommen. Die Wasserversorgung reduziert sich darauf, dass der Ballen nicht ganz austrocknet.

Es ist der Zitronenstrauch, der die intensiv nach Zitrone duftenden Blätter entwickelt, die auch für Tees Verwendung finden. Gerade an warmen Tagen ist es eine Wohltat, die Blätter zu zerreiben und daran zu riechen. In Sitznähe gepflanzt, ist es verlockend, immer mal zu dieser Erfrischung zu greifen.

Wenn ich auf Gartenreisen die Zitronenverbene entdecke, müssen immer einige Blätter mit in den Bus „umziehen", um das Busklima zu verbessern. Für mich ist die Zitronenverbene die beste Duftpflanze überhaupt. Übrigens sind auch die weißen rispenförmigen Blütenstände recht zierend.

Das Laub meiner Felsenbirne ist komplett grau. Was kann man dagegen tun?

Felsenbirnen sind zu Recht weit verbreitet und sind schon durch die spektakuläre Blüte und die intensive Herbstfärbung pflanzwürdig. Dazu kommen die wohlschmeckenden vitamin- sowie mineralstoffhaltigen Früchte. Einige geschäftstüchtige Versandfirmen vermarkten deshalb die Felsenbirne auch als Pralinenbaum.

Durch den schirmartigen Wuchs lassen sie sich auch gut unterpflanzen. Sonniger Standort und durchlässiger Boden sind Voraussetzung für gutes Gedeihen. Der Echte Mehltau, der die Blätter ergrauen lässt, kann bei Felsenbirnen besonders in lang anhaltenden Trockenperioden und heißen Sommermonaten auftreten. Bei der Größe der Gehölze sind Gegenmaßnahmen wie Spritzungen kaum möglich. Die Wuchsleistungen der Gehölze ist jedoch kaum beeinträchtigt. Durch vorsichtiges Auslichten (kein Rückschnitt bis ins alte Holz) wird die Bildung von Neutrieben angeregt, die sich als widerstandsfähiger gegen den Echten Mehltau erwiesen haben.

Die Blutblume hat schön geblüht, soll ich die Blüten nun abschneiden?

Der Stolz vieler Gartenfreunde sind Blutblumen, die mit ihren leuchtend roten Blütenkugeln für wochenlange Blütenpracht sorgen. Wichtig für die Kultur ist das Einhalten einer Ruhephase. Ab September müssen daher die Wassergaben reduziert werden. Ab Ende dieser Phase wird das Laub braun, im Topf wird das interessante Zwiebelgewächs dann bei Temperaturen zwischen 12 bis 15 °C überwintert. Im Frühjahr treibt die Pflanze wieder aus und wird normal weiterkultiviert, das heißt: bis August wöchentlich gedüngt und bei Bedarf gegossen. Für einen hellen Stand im Garten oder auf der Terrasse ist die Blutblume dankbar. Ein jährliches Umtopfen ist nicht notwendig, es reicht, wenn im Frühjahr das oberste Drittel an Substrat mit einer guten Zierpflanzenerde ausgetauscht wird. Die verblühten Triebe können Sie natürlich abschneiden.

„Reiche Ernte und erste Gedanken zum Überwintern."

SEPTEMBER

Im September ist Zeit …

… Kübelpflanzen nach wie vor zu düngen, allerdings nur mit halber Konzentration

… Pflanzenschutzmaßnahmen bei den Kübelpflanzen vor dem Einräumen bei Bedarf durchzuführen

… für die Pflanzzeit von Blumenzwiebeln. Tulpen, Narzissen, Hyazinthen, Lilien und Kleinblumenzwiebeln wie Krokusse, Scilla, Muscari, Iris reticulata sollten ab Mitte September gepflanzt werden; bei Schneeglöckchen unbedingt die Festigkeit der Zwiebeln kontrollieren, da die Zwiebeln durch die Lagerung möglicherweise schon gelitten haben

… um Herbstblumen wie Heidekräuter, Chrysanthemen, Gräser, Sedum und ähnliche jetzt in Kübel zu pflanzen

… einjährige kultivierte Balkonpflanzen wie Pelargonien und Fuchsien, die noch prächtig blühen weiter zu düngen, zu gießen und bis zum Frost weiter zu kultivieren (kurzfristig ist Vliesschutz bei Frost einsetzbar)

… Stauden zu teilen (Pfingstrosen, Taglilien, Hosta, Festuca etc.)

… Rhabarber zu teilen (sobald Blätter einziehen)

… Kräuter zurückzuschneiden und zu teilen

… Dahlien auszuputzen und alte Blätter zu entfernen

… um Sommerstauden wie Phlox und Monarden mit Mehltau bodennah zurückzuschneiden

… um Steckhölzer von Johannisbeeren zu schneiden (15 bis 20 Zentimeter, entblättern und bis zur obersten Knospe ins Erdreich stecken)

… um Leimringe an Obstbäumen anzubringen, damit die flügellosen Frostspannerweibchen nicht die Obstbaumkrone erreichen, um Eier abzulegen

… für die Pflanzung von immergrünen Laubgehölzen und Koniferen

… den Rasen bei Bedarf noch mal zu vertikutieren und nachzusäen sowie Kali betonten Herbstdünger auszubringen

„Aus den Träumen des Sommers wird im Herbst Marmelade gemacht.“

Englische Gartenweisheit

Wann ist die günstigste Zeit zum Umgraben? Muss jedes Jahr umgegraben werden?

Umgegraben werden sollten nur schwere Lehm- oder Tonböden, denn ohne die sogenannte Frostgare – das heißt, die sprengende und lockernde Wirkung des Frostes – wäre ein Gemüseanbau kaum durchführbar. Der Zeitpunkt im Herbst richtet sich nach dem Abernten des letzten Gemüses. Sollten die Beete bereits ab Ende August abgeerntet sein, empfiehlt sich die Aussaat einer Gründüngung, wie Phacelia. Dies wird dann im Herbst gehäckselt (eventuell durch Rasenmäher oder Motorsense) und beim Umgraben mit eingearbeitet.

In normalen Gartenböden gibt es Bedenken gegen das alljährliche Umgraben, da die produktiven Mikroorganismen und andere Bodenlebewesen in tiefere Schichten eingebracht werden, wo sie für ihre nützliche Tätigkeiten keine Lebensbedingungen mehr vorfinden und absterben. Hier ist eher im Herbst ein Mulchen der Beete mit Laub und grobem Kompost angebracht. Ein Austrocknen des Bodens wird dadurch vermieden und eventueller Unkrautwuchs unterdrückt. Nach dem Entfernen dieser Schicht im Frühjahr wird mit einem Grubber die oberste Schicht aufgelockert und für Neuansaaten oder Pflanzungen vorbereitet. Auch ein Auflockern mit der Grabegabel ist vorteilhaft. Der Boden wird fruchtbarer und die Erträge steigen. Je nach Bodenart muss also jeder für sich entscheiden, welche Variante er wählt. Ungeachtet dessen ist ab und an eine Bodenanalyse zur Feststellung des Nährstoffgehaltes hilfreich.

Die Früchte der Quitten sind unterschiedlich groß, wann und wie müssen sie geschnitten werden?

Quitten bilden oft dann Früchte in unterschiedlichen Größen aus, wenn zu viele Früchte an den fruchttragenden Ästen hängen. Durch rechtzeitiges Ausdünnen des Fruchtbehanges können Sie Abhilfe schaffen. Im Gegensatz zu anderen Kernobstarten werden Quitten nur selten geschnitten. Empfohlen wird ein Auslichtungsschnitt, wenn die Krone zu dicht wird. Wenn die Verarbeitung der wohlduftenden Früchte auch viel Arbeit macht und braune Stellen auf den Schneidbrettern hinterlässt, dürfen wir nicht vergessen: Es sind nicht nur sehr wohlschmeckende Produkte wie Quittengelee, -saft, -brot etc., die man daraus gewinnen kann, sie sind auch sehr bekömmlich und gesund.

„Denken Sie an das köstliche Quittengelee."

Kann man in einem ungeheizten Gewächshaus Pflanzen überwintern?

Ohne Frostschutzwächter ist dies generell bei Pflanzen nicht möglich, die frostfrei überwintert werden müssen. Bei den Pflanzen, die zwar Frostgrade vertragen, sind die Temperaturschwankungen im Gewächshaus das Problem. Bei Sonnenschein im Winter wird das Gewächshaus aufgeheizt, und wenn es nachts richtig frostig wird, gehen die Temperaturen oft in den Minusbereich. Die hohen Temperaturen am Tag verleiten die Pflanzen zum Wachstum und durch die Minustemperaturen werden sie dauerhaft geschädigt. Diese Temperaturschwankungen verkraften deshalb viele Pflanzen nicht und reagieren meist mit Totalausfall. Das ungeheizte Gewächshaus ist daher aus meiner Sicht kein guter Ort für die Überwinterung von Pflanzen.

Wo kann ich Neembaumöl kaufen?

Reines Neembaumöl gibt es in Apotheken (auch Versandhausapotheken). Neem-Produkte, zum Beispiel zur ökologischen Schädlingsbekämpfung, bieten die Pflanzenmärkte in der Regel in der Pflanzenschutzecke an. Natürlich sind alle Neem-Produkte über das Internet erhältlich. Das aus den Samen des indischen Neembaumes gewonnene Öl wirkt gegen eine breite Palette von Schädlingen, wobei Nützlinge nicht gefährdet werden.

Nach den ersten Anwendungen ist etwas Geduld gefragt, da die Schädlinge nicht sofort absterben. Auf dieses Mittel, mit insektizider Wirkung auf rein ökologischer Basis, haben wir Gärtner lange gewartet! Bei der Anwendung sollten jedoch die Vorschriften beachtet werden, wie etwa das Tragen von Handschuhen.

Vor fünf Jahren habe ich eine Lagerstroemie aus Italien mitgebracht. Die Pflanze hat sich gut entwickelt, blüht aber nicht.

Die Kreppmyrte oder Lagerstroemie blüht im Spätsommer mit endständigen Rispen in weißen, rosa und roten Farbtönen. Der gefleckte Stamm ist ein besonderes Merkmal dieser beliebten Kübelpflanze. Da die Kreppmyrte am diesjährigen Holz blüht, müssen die Jahrestriebe bis auf wenige Knospen zurückgeschnitten werden. Ein Umtopfen in eine gute Kübelpflanzenerde unter Beimischung mineralischer Bestandteile wie Blähton und Lavagruss sollte alle zwei bis drei Jahre erfolgen.

Wie bei vielen Kübelpflanzen lieben Lagastroemien im Winter kühle Temperaturen bei etwa 5 °C, wobei der Standort nicht unbedingt hell sein muss, da die Blätter ja abgeworfen werden. Von April bis August sind die Lagerstroemien für regelmäßige Nährstoffgaben mit einem guten Kübelpflanzendünger dankbar. Wem es gelingt, Lagerstroemien erfolgreich zu kultivieren, der kann sich über eine besondere und üppige Blüte erfreuen.

Wie überwintere ich meine neu gekaufte Grevillea?

Von meinen Erfahrungen ausgehend bieten Gartenmärkte und der Versandhandel neben der australischen Silbereiche auch die wacholderblättrige Form an. Es sind die idealen Pflanzen für den kühlen Wintergarten, da die Grevilleen auch im Winter ein hohes Lichtbedürfnis haben.

Weil die Topfballen nie ganz austrocknen dürfen, ist auch im Winter temperaturangepasst ab und an zu gießen. Beim Umtopfen in eine von mineralischen Bestandteilen durchsetzte Kübelpflanzenerde ist es wie bei den Lagerstroemien dann vorteilhaft, wenn der alte Ballen gut durchwurzelt ist. Düngen Sie nur mit einem phosphatfreien Dünger, da sonst Blattprobleme auftreten können. Im Sommer ist natürlich ein Standort im Garten vorzuziehen.

Für den normalen Wohnbereich empfehle ich die schönen Pflanzen allerdings weniger, da das große Lichtbedürfnis und die erforderlichen kühlen Temperaturen hier Grenzen setzen.

Ab welcher Temperatur muss ich meine Baumtomate „Tomarillo“ hereinholen? Wie überwintere ich sie?

Vor den ersten Frösten müssen Baumtomaten in das schützende Haus geholt werden, da sie nicht winterhart sind. Überwintert werden die vitamin- und mineralstoffhaltigen „Riesen“ möglichst hell und bei Temperaturen zwischen zehn und 15 °C. Und nun haben wir es wieder: Wie oft musste ich Ihnen schon in diesem Buch den Ratschlag geben, die unterschiedlichsten Pflanzen hell und kühl zu überwintern. Irgendwann muss man sich die bange Frage stellen: Habe ich die falsche Wohnung beziehungsweise gibt es überhaupt die richtige Wohnung zum Überwintern von Pflanzen? Hätte ich beim Hausbau nicht eine Orangerie oder zumindest einen Wintergarten einplanen müssen? Die Alternative ist immer der Gärtner um die Ecke, der den Überwinterungsservice anbietet.

Mit dem Überwintern von Pflanzen zu Hause ist das schon manchmal zum Verzweifeln! Baumtomaten tragen oft erst ab dem dritten Jahr. Da die Pflanzen sehr hoch werden können, kann durch Rückschnitt die Höhe der Verzweigung bestimmt werden. Der Wasser- und Düngerverbrauch ist im Sommer recht hoch. Beim Einräumen in das Winterquartier sollte entblättert werden, um die Verdunstung einzuschränken und der Blattläuse Herr zu werden, die sich gern auf den Pflanzen festsetzen.

Ich habe auf meinem Balkon Knollen vom Indischen Blumenrohr gepflanzt. Müssen diese zum Überwintern immer herausgeholt werden? Können die Knollen im Kübel verbleiben?

Das Indische Blumenrohr ist uns meist als stattliche Kübelpflanze mit reichem Farbspektrum bekannt. In öffentlichen Grünanlagen, zum Beispiel als ich in Frankreich war, stand ich oft staunend vor ausgepflanzten, über zwei Meter hohen Blatt- und Blütentürmen, die zusammen mit Bananenpflanzen, Gräsern und Sommerblumen tropisches Flair vermittelten. Die Überwinterung ist relativ einfach: Wenn die Cannas im Kübel standen, können sie auch im Kübel überwintert werden. Voraussetzung ist natürlich ein Rückschnitt auf etwa 10 bis 15 Zentimeter und ein Austrocknen des Kübels vor dem Einräumen.

Die Pflanzen sollten nach dem Rückschnitt regengeschützt an ein sonniges Plätzchen gestellt werden. Das alles hat vor den ersten Frösten zu erfolgen, da Cannas sehr frostempfindlich sind. Wenn die Cannas im Beet ausgepflanzt wurden, werden nach dem Rückschnitt die Rhizome ausgegraben und von überflüssiger Erde entfernt. Um ein Austrocknen der Rhizome zu vermeiden, ist es ratsam, sie in Sägespänen, Sand oder ähnlichen Materialien in Kisten einzuschichten. Empfehlenswert ist wie bei der Topfüberwinterung ein kühler und dunkler Ort. Bei Kultur im Kübel sollte alljährlich ein Substratwechsel erfolgen, da die Rhizome stark gewachsen sind und eine eventuelle Teilung mit an das Umpflanzen gekoppelt werden kann. Ab Mitte Mai geht es dann für die prächtige Pflanze ab ins Freie. Meine Empfehlung: Gestalten Sie sich mal ein kleines Beet mit Cannas, einjährigen Gräsern, Bananenpflanzen und erfreuen Sie sich über tropisch anmutende Pflanzungen.

Wie funktioniert Gründüngung am besten?

Gründüngung ist eine wichtige Methode im Garten, um den Boden zu verbessern und das Bodenlebewesen zu fördern. Auf abgeernteten Gemüseernten im Spätsommer bietet sich eine Gründüngung mit speziellen Pflanzenaussaaten wie Phacelia, Rotklee, Wicken und Lupinen an. Der Samen wird auf die abgeernteten Beete relativ dicht ausgesät und dann leicht eingearbeitet. Innerhalb von wenigen Wochen bildet sich eine grüne Decke über das Beet aus. Die Aussaaten können dann zerkleinert werden, wobei der Rasenmäher eventuell hilfreich sein kann und so wird in nicht zu tiefe Schichten mit der Grabegabel eingearbeitet. Nach circa zwei Wochen kann wieder gepflanzt werden, wobei die verschiedenen Wintergemüsearten den Vorrang erhalten. Die Gründüngung kann auch über den Winter stehen gelassen werden und schützt somit den Boden vor Austrocknung. Das Einarbeiten der Pflanzenreste im Frühjahr dient dann einem guten Wachstum auf dem Gemüsebeet. Bei schwierigen Bodenverhältnissen ist eine Gründüngung immer ratsam, bevor man mit dem Gemüseanbau beginnt. Bestimmte Arten wie Phacelia haben auch Schmuckwert und ziehen viele Insekten an.

Mein Porree im Garten hat braune Flecken, was ist das? Sind die Pflanzen noch verwertbar?

Es handelt sich hierbei um den Rost, eine Pilzkrankheit, die oft bei niederschlagsreichen Spätsommermonaten auftritt. Die Schäden halten sich in der Regel oft in Grenzen und die Porreepflanzen sind nach dem Ausputzen der befallenen, äußeren Blätter noch gut verwertbar. Ein weiter Pflanzenabstand und die Verwendung rostresistenter Sorten sowie ein Standortwechsel kann Abhilfe schaffen. Befallene Blätter im Bestand sollten entfernt werden und nicht auf dem Kompost landen. Mit Pflanzenstärkungsmitteln schränken Sie den Befall ebenfalls ein.

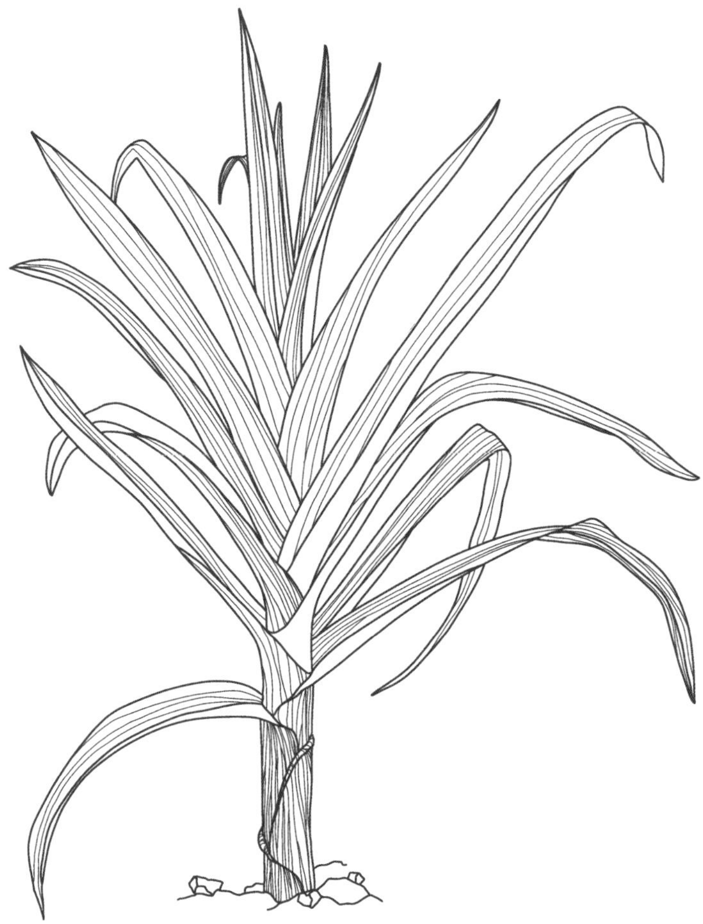

Claudia Look-Hirnschal hat erzählt …

… VON IHRER LIEBE ZU BIRNEN

„Immer, wenn ich in einen gut sortierten Gemüseladen gehe, schaue ich nach leckeren Birnen. Sie sind meine Lieblingsfrüchte seit meinen jüngsten Kindertagen. Denn da habe ich schon gelernt, wie herrlich das ist, im Garten naschen zu können. Bei uns zu Hause in Dessau bin ich in einem Wohnviertel groß geworden, mit schönen alten großen Hinterhöfen, in denen im Sommer und Herbst jede Menge Obst geerntet wurde, auch bei unseren Nachbarn. Unsere Lieblingsnachbarn waren Frau und Herr ‚Birnbaum' – ein älteres Ehepaar, die einen Birnbaum hatten, von dem wir ab Anfang September Birnen kosteten. Die waren so unglaublich lecker und verführten uns zum Mundraub, obwohl wir streng ermahnt wurden, das bitte zu unterlassen. Aber wenn die Birnen – diese herrlichen Williams Christ – so gut schmecken, was soll man da machen? Damals wussten wir auch noch nicht, dass Birnen noch besser schmecken, wenn man sie nachreifen lässt. Und irgendwann stand dann hinterm Zaun mal der Herr Birnbaum mit seinen 86 Jahren und reichte uns ein paar schöne Birnen herüber. Er hatte uns beobachtet, wie wir seine Birnen gemopst hatten. Dabei erklärte er uns auch, wie gesund die Birnen sind und welche alten Sorten es so gibt."

Ich habe einige Rizinuspflanzen, aber die Igelfrüchte mit den Samen keimen nicht. Gibt es männliche und weibliche Exemplare?

Auch die Rizinuspflanze verbreitet mit den großen, oft rot gefärbten Blättern und den interessanten Blütenrispen mit den auffälligen Kapselfrüchten tropisches Flair. Die Samen können im Herbst aus den Kapselfrüchten entnommen werden, wobei Vorsicht geboten ist, denn sie dürfen nur mit Handschuhen angefasst werden. Nicht umsonst ist Rizinus die Giftpflanze des Jahres 2018 geworden, da die Samenschalen mit dem hochgiftigen Rizin besondere Aufmerksamkeit abverlangen.

Eine Vorkultur in Töpfen im März bringt Vorsprung. Zum Vorquellen sollten die Samen einen Tag in warmes Wasser gelegt werden. Mehrere Samen werden in einen Topf gesteckt, wobei nach dem Keimen nur die kräftigste Pflanze im Topf verbleiben sollte. Ab Mai ins Freie gepflanzt, entwickeln sich die Pflanzen an sonnigen Stellen, in guten Gartenböden zu den prachtvollen Sommerblumen, die viel bewundert werden. Männliche und weibliche Blüten sind übrigens an einer Pflanze und der Samenbildung steht nichts mehr im Wege. Beim Nichtkeimen ist der Samen nicht ausgereift.

Ein Grundstück soll neu erschlossen werden und ist voller Brennnesseln. Wie mache ich die Fläche urbar?

Wenn das ganze Grundstück mit Brennnesseln bewachsen ist, deutet dies zunächst auf einen guten nährstoffreichen Boden hin. Von heute auf morgen ist dieses Problem sicher nicht zu lösen. Mein Rat: Mit einer Motorsense die Brennnessel kurz mähen und diese dann mit einer Grabegabel entfernen. Die Wurzeln sind zwar weit verzweigt, aber nicht tiefgründig und lassen sich daher gut entfernen. Zur Unterstützung der manuellen Tätigkeit kann Unkrautdämmgewebe verwendet werden, welches auf die gemähten Flächen verteilt wird und mindestens ein Jahr dort verbleiben sollte. Ein ausgewogenes Verhältnis zwischen manueller Entfernung und Unkrautdämmgewebe kann vielleicht der Schlüssel zum Erfolg sein. Lassen Sie trotzdem einige Quadratmeter Brennnessel stehen, da nicht nur für die Küche, sondern auch zur Pflanzenstärkung die Brennnessel eine Wunderpflanze ist. Die Brennnesselsuppe meiner Mutter hat immer gut geschmeckt, obwohl ich als schlechter und mäkeliger Esser in Kindheitstagen bekannt war.

Wann können Wintersteckzwiebeln gesteckt werden?

Wenn einige Gemüsebeete im Spätsommer abgeerntet wurden, empfiehlt sich die Kultur von Wintersteckzwiebeln, auch wenn es nur wenige Quadratmeter sind. Anfang Oktober sollten die Wintersteckzwiebeln in gut vorbereiteten und mit Kompost versehenem Boden gesteckt werden. Im Abstand von etwa sechs bis acht Zentimetern werden die Zwiebeln dann mit Zwiebelboden nach unten, etwa drei bis fünf Zentimeter tief in den Boden gesetzt. Vor starken Frösten wird leicht angehäufelt. Ab März kann dann gedüngt werden und die Zwiebeln sind dann oft schon ab Mai erntefähig. Sie sind also gut in der Lage, die Erntelücke von Mai bis Ende August zu schließen.

Gibt es Pflanzen, die man in die Fugen von Gartenwegen pflanzen kann und die trittfest sind?

Es ist erstaunlich, welche Pflanzen sich auf Pflaster- oder Plattenwegen aussäen, da viele in den Fugen ideale Lebensräume vorfinden. Viele mögen die Wärme der Steine und gehen oft tief mit den Wurzeln in den Boden. Bei mir haben sich eine Reihe von Steingartenpflanzen wie Sempervivum, Saxifragen, Campanula, aber auch das Spanische Gänseblümchen, das mehrjährige Bohnenkraut und Thymian ausgesät und fühlen sich offensichtlich dabei sehr wohl.

Natürlich sind nicht alle trittfest und deshalb hat der Thymian in vielen Varianten die Nase hier vorn, vor allem in sonnigen Lagen. Das Sternmoos kann ich dagegen für schattige Ecken empfehlen. Die Pflasterfugen sind bei mir im Garten voller Leben und ich wundere mich immer über die Meinungen von manchen Menschen, die diese „Eindringlinge“ in sorgsam gepflegten Pflasterflächen liebend gern entfernt sehen möchten.

Der Heidelbeerstrauch hat im vergangenen Jahr gut getragen, in diesem Jahr nicht. Hätte ich ihn zurückschneiden müssen?

Neben den Standortbedingungen ist der Schnitt die wichtigste Pflegemaßnahme, um regelmäßig die wohlschmeckenden und gesunden Früchte der Heidelbeeren zu ernten. Am besten tragen bei Heidelbeeren die zweijährigen Triebe. Ein Rückschnitt der alten verzweigten Äste im Frühjahr bis kurz auf einen jungen Seitentrieb, der alle drei bis vier Jahre erfolgen sollte, ist der Garant für regelmäßige, gute Erträge. Ältere Triebe werden ab und an ausgedünnt, um den Neutrieb anzuregen.

Wie bei allen Heidekraut-Gewächsen ist ein saurer Boden, ähnlich den Rhododendren, erforderlich. Rhododendronsubstrat mit grobem Sand- und Laubhumusgemisch wäre die optimale Mixtur für die Heidelbeeren. Das Substrat ist gleichmäßig feucht zu halten, was in trockenen Sommern ein Problem darstellt, da Regenwasser, mit dem gegossen werden sollte, oft nicht unbegrenzt verfügbar ist. Mein Rat: In Gegenden mit kalkreichen Böden machen Sie es so wie bei meiner Empfehlung zum Rhododendron: In einem Maurerkübel, in dem genügend Löcher für den Abzug gebohrt werden müssen, füllen Sie zunächst ein Drainagematerial wie Blähton oder Lavagrus ein. Dann wird mit dem eben genannten Substrat aufgefüllt und die Heidelbeere eingepflanzt. Um Gießwasser zu sparen, kann der Kübel in den Boden eingesenkt werden, wobei auch unter dem Gefäß eine Kies- oder Sandschicht für Wasserabzug sorgen sollte. Ein vollsonniger Standort ist für die Heidelbeeren wichtig. Mit speziellem Dünger für Heidelbeeren wird im Frühjahr gedüngt, damit Triebwachstum und reiche Blüte angeregt wird.

„Ich esse Heidelbeeren gerne zum Morgenmüsli.“

Auf einer Gartenschau habe ich mir Zwiebeln einer Ismene gekauft, die schön geblüht haben. Wie sollen diese überwintert werden?

Die extravagante Blütenform der Schönhäutchen beziehungsweise der Ismene lässt die Herzen von Pflanzenliebhabern höherschlagen. Ab Februar werden die Zwiebeln in eine gute Kübel- bzw. Zimmerpflanzenerde eingetopft und bei einer Temperatur von etwa 15 °C vorgetrieben. Im Mai werden dann die Töpfe ins Freie gestellt. Sie überraschen dann im Juni mit den eleganten weißen Blüten. Das Auspflanzen im Garten beschert einen besseren Zwiebelzuwachs als in der weiterführenden Topfkultur. Von Mai bis September kann wöchentlich mit einem Flüssigdünger das schöne Zwiebelgewächs mit Nährstoffen versorgt werden. Ab Oktober werden die Zwiebeln geerntet und in Sägespänen oder ähnlichen Materialien eingeschichtet und bei kühlen Temperaturen über den Winter gebracht.

Wann schneidet man einen Walnussbaum?

Walnussbäume sollten im Spätsommer geschnitten werden, da die Schnittwunden dann wenig „bluten". Möglich ist ein Schnitt auch in den Wintermonaten, im Januar und Februar. Im Nachbargarten wurde im August 2018 ein Walnussbaum stark geschnitten, der wirklich ein prachtvolles Exemplar war und mir zunächst das Gärtnerherz bluten ließ. Es waren aber Profis am Werk, Schnittführung und Kronenaufbau sind gut erkennbar. Es besteht die Hoffnung, dass der von mir geschätzte Baum in der Nachbarschaft sich bald wieder in alter Schönheit zeigt.

Aus meiner Physalispflanze sind große Büsche geworden, mit vielen Früchten dran. Wann kann ich ernten?

Das Problem bei den Physalis ist die Erntereife, die erst nach etwa vier Monaten nach der Pflanzung im Mai, also erst ab Ende September, eintritt. Die Früchte müssen schon gelblich und trotz des leicht säuerlichen Geschmacks wohlschmeckend sein. Bei Topfkulturen empfiehlt sich deshalb, ab Ende September ein Kultivieren im Gewächshaus oder Tomatenzelt, wenn die Kulturen dort schon geräumt sind, damit möglichst noch viele Früchte nachreifen.

Werden die Physalis im Freiland kultiviert, wäre je nach Möglichkeit das Überbauen mit einer Folie oder einem Vlies angebracht, um die Erntezeit zu verlängern. In der Regel können nie alle der zahlreich gebildeten Früchte geerntet werden, da irgendwann der Frost und die kühle Witterung der Ernte ein Ende setzen. Ein warmer geschützter Platz ist deshalb wichtig, damit möglichst viele Früchte reifen können.

Der September im Garten Schöne

ZWISCHEN TOMATEN UND GRÄSERN

Tomaten sind ja wie Gurken die Schwergewichte im Gemüsegarten. Leider sind sie auch stark witterungsabhängig zu kultivieren. Mittlerweile hat jeder Tomatengärtner, und die Anzahl steigt mit den Sortenangeboten ständig, die Kultur besser im Griff. Kaum einer verzichtet mittlerweile auf ein schützendes Dach, in welcher Form auch immer.

In meinem Hausgarten spielt Gemüse nicht die entscheidende Rolle, wobei im zweiten Garten genau das Gegenteil der Fall ist: Mit den schwarzen Tomaten habe ich es allerdings mal im Hausgarten versucht und wurde belohnt mit einer Vielzahl wohlschmeckender Früchte. Die Sorte ist das Schicksal deines Gartens, meinte Karl Foerster wohl in Richtung Staudengarten. Auf die Tomaten trifft diese Aussage mindestens genauso zu. Bei einer Gartenreise nach England outete sich eine Mitreisende mit einer kultivierten Tomatenvielfalt von 500 Sorten. Die Reaktionen kamen wie erwartet, angefangen vom zweifelnden Kopfschüttelnbis hin zum anerkennenden Nicken und ungläubigen Staunen.

Ein anderes Septemberereignis sind für mich die Gräser. Natürlich feiern die hohen Gräser jetzt ihre großen Höhepunkte. Sie sind dann voll entwickelt und beginnen schon mit der Herbstfärbung. Zu spätsommerblühenden Stauden sind sie gute Nachbarn und prägen den septemberlichen Garten bei mir wie keine andere Staudenart. Miscanthus sinensis ‚Morgenlicht' und Miscanthus sinensis ‚Gracillimus' sind bei mir die Top-Favoriten. Für Sträuße sind sie unentbehrlich, da sie sommerliches Blühen aus dem Garten wohltuend auflockern.

▸ Rote Früchte vom Blumenhartriegel (oben); schwarze Tomaten und gestreiftes Chinaschilf mit Berberitze und Knöterich (unten links nach rechts)

Wie vermehre ich Johannisbeeren?

Die einfachste Methode ist die Vermehrung durch Steckhölzer. Im Spätherbst werden circa 15 bis 20 Zentimeter lange Steckhölzer von einjährigen Trieben geschnitten, die jeweils unten beziehungsweise oben ein Augenpaar besitzen. Diese werden gebündelt und in ein lockeres Substrat oder in Sand eingeschichtet, sodass sie über die Wintermonate komplett zugedeckt sind. Im Frühjahr werden sie dann in ein Vermehrungsbeet oder in Töpfe gesteckt, sodass etwa zwei Drittel des Steckholzes in der Erde stecken, wobei die Knospen nach oben zeigen.

Gleichmäßig feucht gehalten, werden sie bald Wurzeln bilden und durchtreiben. Damit sie sich gut verzweigen, wird der Austrieb auf etwa fünf Zentimeter eingekürzt. Nach einem weiteren Jahr können die Johannisbeeren an ihren endgültigen Standort gepflanzt werden. Auch im Frühjahr ist die Steckholzmethode mit nachfolgendem sofortigen Stecken in Töpfe oder ins Beet erfolgreich.

Im Büro am Südfenster steht ein Frauenhaarfarn. Dennoch bekommt er wenig Sonne ab. Er wird zweimal in der Woche gegossen, aber er vertrocknet. Warum?

Am Südfenster ist der Frauenhaarfarn schlecht aufgehoben. Er liebt halbschattige bis schattige Standorte bei hoher Luftfeuchtigkeit. Das Gießen ist nicht so ganz einfach. Der Ballen darf nie austrocknen und muss gleichmäßig feucht gehalten werden. Auf Staunässe reagiert der Farn ebenso empfindlich. Auch das Gießen mit hartem Wasser kann zum Problem werden. Lauwarmes Regenwasser wäre die Ideallösung. Während der Saison sollte 14-tägig in halber Konzentration mit einem Blumendünger gegossen werden. Ein Umpflanzen ist spätestens alle drei Jahre zu empfehlen. Die Temperatur im Winter darf möglichst 18 °C nicht unterschreiten. In Beantwortung der Frage sollte überprüft werden, ob ein zweimaliges Gießen für das Feuchtigkeitsbedürfnis des Farnes ausreichend ist.

„Ausgraben,
Einpacken und
Samen sammeln."

OKTOBER

Im Oktober ist Zeit …

… für die Freude an laubfärbenden Gehölzen wie Zaubernuss, Federbusch, Blumenhartriegel, Eisenholzbaum und wie sie alle heißen. Zeit, um Überlegungen anzustellen, wie das eine oder andere herbstfärbene Gehölz künftig noch besser in Szene gesetzt werden kann

… um wurzelnackte Obstgehölze und wurzelnackte Rosen bis Mitte November zu pflanzen – die Gehölze mehrere Stunden vor dem Pflanzen ins Wasser stellen

… die Dahlien vor dem ersten Frost zu ernten, abtrocknen zu lassen und fachgerecht einzulagern

… Laub von Rasen zu entfernen, auf Beeten nur, wenn die Laubschicht zu dick wird

… Knoblauch zu setzen und mit Mulchschicht zu schützen

… für den Rückschnitt von Stauden, deren Sämlinge die Mutterpflanze bedrängen können, zum Beispiel Sonnenauge oder Sterndolden

… frostempfindliche Kletterpflanzen wie Passionsblumen und Dipladenien beim Einräumen zurückzuschneiden

… Kohlmotten und Schildläuse am Winterkohl mit Neem-Produkten zu bekämpfen

… Monilia-kranke Früchte an Obstgehölzen auszupflücken

… Staudenbeete neu anzulegen

… hohe Gräser nicht zurückzuschneiden (Frostschutz und Winterschmuck)

… Staudenpfingstrosen komplett zurückzuschneiden, zur Reduzierung von Pilzkrankheiten im nächsten Jahr

… zum Innehalten und sich über fruchttragende Ziergehölze zu freuen: etwa Feuerdorn, Stechpalmen, Liebesperlenstrauch, Berberitzen, Cotoneaster

„Wer der Gartenleidenschaft verfiel, ist noch nie geheilt worden."

Karl Foerster (1874–1970)

Wie kultiviere und überwintere ich meine Taropflanze, die im Garten steht?

Taropflanzen (Alocasia) sind exklusive Blattpflanzen und in der Lage, tropisches Wachstum zu verkörpern. Obwohl wir diese prächtige Pflanze am flachen Wasser in den Pflanzenschauhäusern des ega-Parkes kultiviert haben, und sie unter tropischen Bedingungen mit hohen Temperaturen und viel Luftfeuchtigkeit riesige Blätter entwickelten, kann diese Pflanze auch gut im Topf gehalten werden. Ich war erstaunt, als ich diese prächtige Blattschmuckstaude bei der „Offenen Gartenpforte“ bei einem Erfurter Künstler inmitten seiner Skulpturen antraf. Bisher war sie mir nur als Wasserpflanze bekannt. Im Treppenhaus hat er diese Pflanze überwintert, wobei die großen untersten Blätter abgeschnitten wurden. Die Knollen sind in Asien Kartoffelersatz und können tatsächlich verzehrt werden. Sie sind in jedem Asia-Markt erhältlich.

„Die Taropflanze ist eine bisher seltene Kübelpflanze.“

Im Herbst oder Frühjahr in gute Kübelerde eingetopft, entwickeln sie bald drei bis vier Blätter. Von April bis September sind sie gleichmäßig feucht zu halten und regelmäßig zu düngen. Zur Überwinterung kann man auch die Knolle im Herbst abtrocknen lassen: Sie kann dann im Topf verbleiben. Wenn durchkultiviert wird, ist bei Temperaturen zwischen 15 bis 18 °C mäßig zu gießen. Wenn man den Mut hat, sich mit dieser besonderen Pflanze zu beschäftigen, wird man mit reichem Blattschmuck belohnt und hat eine weitere Pflanze, um sich vielleicht ein Tropenbeet anzulegen.

Ich habe eine Brennnesseljauche angesetzt, kann ich diese auch für Rosen nutzen?

Brennnesseljauchen dienen vor allem zur Pflanzenstärkung, haben aber durch den relativ hohen Stickstoffgehalt Düngewirkung. Eine Anwendung für Rosen würde ich allerdings im Gegensatz zu der in Gemüsebeeten begrenzen.

Auf ein Kilogramm frische Brennnessel kommen etwa 10 Liter Wasser. Um die Geruchsbelästigung in Grenzen zu halten, gibt man dazu etwa 500 Gramm Urgesteinsmehl und lässt die angesetzte Jauche in voller Sonne und bei täglichem Umrühren etwa zwei bis drei Wochen stehen.

Als Faustregel gilt: Bei Gemüse kann bis Herbst alle vier Wochen gegossen werden, bei Rosen würde ich die Behandlung auf circa drei Anwendungen beschränken. Tatsächlich ist die Brennnessel eine Wunderpflanze und hat auch in der Küche, gerade in den Frühjahrsmonaten, ihren berechtigten Platz.

Meine Magnolie hat zum ersten Mal Fruchtstände entwickelt. Können diese zum Vermehren genutzt werden?

Magnolien aus Samen zu vermehren, erfordert vor allem eins: Geduld. Wenn die sogenannten Balgfrüchte aufplatzen, ist dies ein Zeichen für die Samenreife und der richtige Zeitpunkt für die Samenernte. Das rote Fruchtfleisch lässt sich gut entfernen, wenn eine mehrtägige Lagerung im Wasser erfolgte. Die schwarzen Samen werden dann im feuchten Sand in ein verschließbares Gefäß eingeschichtet und für circa drei Monate in den Tiefkühlschrank gestellt, da Magnolien Frostkeimer sind. Im Frühjahr können die Samen in Töpfe mit Anzuchterde gesteckt und ab frostfreiem Wetter ins Freiland gestellt werden.

Die Keimung kann durchaus einige Monate dauern. Wenn die Sämlinge erscheinen, werden sie ganz normal weiter kultiviert. Der erste Winter ist dann noch einmal eine Herausforderung, da die Töpfe frostfrei und kühl überwintert werden sollten. Im Frühjahr dann endlich ausgepflanzt, wachsen die Jungpflanzen zügig weiter. Die Anzucht ist hiermit etwas für die ganz experimentierfreudigen Gartenfreunde.

Claudia Look-Hirnschal hat erzählt …

… ÜBER DIE „CANNA“:

„Das sind wahre Farbfeuerwerke im Kübel oder im Garten: die ‚Canna‘ in Rot und Orange oder Gelb und das weit bis in den Oktober hinein. ‚Canna indica‘, auch ‚indisches Blumenrohr‘ oder einfach nur ‚Canna‘ genannt, bildet Blätter, die an Bananenlaub erinnern. Auch der Trieb, aus dem sich Blätter und Blüten emporstrecken, erinnert daran: Er ist rund wie ein Rohr und innen hohl. Daher auch der Name. ‚Canna‘ bedeutet übersetzt ‚Rohr‘. Die Pflanze gehört zur Gattung der Blumenrohrgewächse. Ihre natürliche Verbreitung hat sie nicht in Asien, wie ihr deutscher Name vermuten lässt, sondern im tropischen Amerika. Sie sollen um 1570 von den westindischen Inseln, also der Karibik, als Zierpflanzen nach Europa gelangt sein, daher auch der deutsche Name ‚indisches Blumenrohr‘. Als tropische Pflanze ist die Canna natürlich nicht winterhart. Weder Canna-Rhizome noch Canna-Pflanzen vertragen Frost. Nachdem alle überirdischen Teile im Herbst gekürzt wurden, überwintern die Wurzelstöcke (Rhizome) in der alten Topferde trocken, im kühlen Keller oder frostsicheren Schuppen.“

Ich habe von einer Schachbrettblume Samen geerntet, wann können diese ausgesät werden und wie groß sind die Erfolgschancen?

Ein beliebtes Zwiebelgewächs ist die Schachbrettblume, die im Frühjahr von den Gartenmärkten blühend auch gern im Topf angeboten wird. Da sie leicht über Samen vermehrbar sind, bilden sie im Garten bald größere Bestände, wenn der Standort frische bis feuchte Böden hat, die gut durchlässig sind (keine Staunässe). Die Schachbrettblume möchte vor allem nach dem Einziehen ab Juni in Ruhe gelassen werden (kein Hacken oder Bodenbearbeitung). Die Samen müssen gut ausreifen können, und die Pflegemaßnahmen beschränken sich auf das Jäten von Unkräutern. Da die Pflanzen wenige Wochen nach der Blüte komplett einziehen, sollten die Pflanzstellen markiert werden. Eine Vermehrung ist auch durch Brutzwiebeln möglich, die sich in passender Umgebung reichlich bilden. Nach dem Aufnehmen sollten sie dann sofort gepflanzt werden, da sie keine schützende Hülle wie bei den Tulpen besitzen.

Wer nicht auf eine Selbstaussaat warten will, kann auch den Samen ernten, in einem Gefäß mit feuchten Sand einschichten und etwa sechs Wochen in den Kühlschrank stellen, nicht aber in den Gefrierschrank! Anschließend können die Samen in Töpfen ausgesät, mit Substrat abgedeckt und im Garten eingesenkt werden. Im ersten Winter ist Schutz mit einer dichten Fichtenreisigdecke empfehlenswert. Die Keimung kann lange dauern und bis zur blühfähigen Zwiebel können Jahre vergehen.

Mein Rat: Die Vermehrung durch Brutzwiebeln ist ergiebiger und man kommt schneller zu blühfähigen Pflanzen. Selbstaussaat ist immer eine gute, aber schwierige Alternative.

Wir haben einen Schlafbaum gepflanzt, wie soll dieser überwintert werden?

Ein besonders schöner Baum, der mediterrane Stimmung verbreitet, ist der Schlaf- oder Seidenbaum, die Albizie. Wer hat nicht schon beeindruckende Bilder von blühenden Schlafbäumen im Mittelmeerraum, auf den Kanarischen Inseln oder in klimatisch begünstigten Regionen gesehen? Aber auch in Deutschland, in Gegenden mit Weinbauklima wie zum Beispiel im Stuttgarter Raum habe ich schon die prächtigen Bäume gesehen, mit ihren rosafarbenen filigranen Blütenstrahlen, den gefiederten Blättern und der ausladenden Krone. Immer muss ich sie bewundern.

Auch in solchen vom Klima bevorzugten Gegenden ist in den ersten Jahren ein Winterschutz notwendig, wobei eine Laubschütte im Wurzelbereich und das Einwickeln des Stammes mit einer Schilfmatte meist ausreicht. Ältere Bäume sind hier, wie auch bei vielen anderen Gehölzen beobachtet, frosthärter als junge Exemplare. In Südlagen und in einem windgeschützten Standort werden sie bald zu viel bewunderten Stars.

Wer dagegen in nicht so bevorzugten Gegenden eine Albizie kultivieren möchte, bewegt sich auf dünnem Eis. Die ersten Jahre ist eine Überwinterung im kühlen Wintergarten oder in der bereits beschriebenen Art möglich. Der nimmersatte Pflanzenjäger schreckt aber vor keinem Hindernis zurück und wird manchmal auch mit der Blütenpracht einer Albizie belohnt.

Die Bezeichnung „Schlafbaum“ rührt wohl daher, da die Gehölze abends ihre Blätter einrollen und morgens wieder entfalten.

Wann muss das Lampenputzergras zurückgeschnitten werden?

Wie alle höheren Gräser werden auch die Lampenputzergräser (Pennisetum) im Frühjahr gegen Ende März stark zurückgeschnitten. Auch im Winter wirkt das Lampenputzergras mit seinem buschförmigen Wuchs besonders dann, wenn Raureif und Schnee mit im Spiel sind. In milden Wintermonaten mit vielen Niederschlägen hat das Gras jedoch gerade auf schweren Böden oft Probleme. Es sollte daher auf gut durchlässigen Boden gepflanzt werden, damit überschüssiges Wasser gut ablaufen kann und es nicht zu Fäulniserscheinungen kommt. Nach dem Rückschnitt sollte gedüngt werden, damit die Gräser einen guten Start in das Gartenjahr hinlegen können.

Wie kultiviere ich die Gloriosa und wie kann ich sie überwintern?

Die Gloriosa ist eine Kletterpflanze, die unverwechselbare grazile Blüten bildet, die auch gern für die Vase geschnitten wird und dort, mit Gräsern kombiniert, gut zur Wirkung kommt. Ab Mitte Oktober wird das Gießen eingestellt. Die Gloriosa wirft danach die Blätter ab und die Triebe können komplett abgeschnitten werden. Die Pflanze kommt dann vor den ersten Frösten in das Winterquartier. Die Gloriosa mit ihren Knollen verbleiben in ihrem Topf und können bei Temperaturen zwischen 15 bis 20 °C gut überwintert werden. Im Frühjahr werden die Knollen aus dem Topf genommen, wobei die älteren Knollen entfernt und nur die gesunden kräftigeren Tochterknollen in circa fünf Zentimeter Tiefe in eine gute Kübelpflanzenerde eingetopft werden. Ab Mai wird dann die Gloriosa im Freien an einem Spalier kultiviert. Regelmäßige Wasser- und Düngergaben sind Voraussetzung für eine gute Entwicklung. Die Gloriosa, auch Ruhmeskrone genannt, erfreut sich großer Beliebtheit. Sicherlich auch wegen ihrer Eignung als exzellente Schnittblume.

Können Lilien in Töpfen überwintern?

Die Topfkultur von Lilien ist mittlerweile weitverbreitet und hat wesentlich zur Beliebtheit dieses schönen Zwiebelgewächses beigetragen. Im blühenden Zustand können sie ja mobil auf der Terrasse oder im Garten aufgestellt werden.

Nach der Blüte kann man auf die Suche nach einem geeigneten Standort gehen, denn dann lohnt ein sofortiges Auspflanzen an den endgültigen Platz im Garten. Da Lilien in Töpfen auch schon im zeitigen Frühjahr angeboten werden, empfiehlt sich eine Pflanzung ins Freiland allerdings erst ab Anfang Mai. Der Boden sollte locker und humusreich sein. Ich habe mal gelernt: Bis zum Ellenbogen muss man ohne Weiteres die Hand ins Substrat versenken können.

Wenn der Standort stimmt, können sich Lilien viele Jahre ohne Umpflanzen wohlfühlen. Wenn jedes Frühjahr mit einem organischen Dünger gedüngt wird und die Hauptschädlinge wie die Lilienfliege (wie beschrieben) und das Lilienhähnchen bekämpft werden, steht der Freude an Lilien nichts mehr im Wege. Zum Überwintern müssen die Töpfe gut geschützt oder eingesenkt werden.

Sind Litschi-Tomaten einjährig? Wie kann man sie überwintern? Lassen sich aus den Früchten neue Pflanzen ziehen?

Wie unsere Tomaten sind auch die zu den Nachtschattengewächsen zählenden Litschi-Tomaten nur einjährig, müssen also jedes Jahr neu angezogen beziehungsweise neu erworben werden. Die Kulturansprüche ähneln aber unseren Tomaten: Sie benötigen also nährstoffreiche Erde, einen vollsonnigen und regengeschützten Standort sowie regelmäßige Wasserversorgung. Der große Vorteil ist, dass ein arbeitsintensives Ausgeizen entfällt und nur ein Aufbinden der Pflanzen erforderlich wird.

Ab August kann bis in den Herbst geerntet werden, wobei Vorsicht geboten ist, da Fruchthüllen und Stängel bestachelt sind. Aus den reifen Früchten lassen sich gut die Samen gewinnen, die dann ab März wieder zur Jungpflanzenanzucht dienen.

Geschmacklich erinnert nichts an Tomaten und obwohl das Ganze eine stachelige Angelegenheit ist, rechtfertigt der besondere fruchtige Geschmack den Anbau allemal.

Die Passionsblume hat sich auf dem Balkon gut entwickelt, wie kann ich sie überwintern?

Überwintert werden die Pflanzen im Topf bei kühlen Temperaturen zwischen 5 bis 15 °C. Ab und an sollten sie gegossen werden, damit der Ballen nie ganz austrocknet. Es ist immer vorteilhaft, wenn eine Rankhilfe integriert wird. Da sie während der Vegetationsperiode als Kletterpflanze stark wachsen können, ist ein Rückschnitt bis in Höhe der Rankhilfe vor dem Einräumen in das Winterquartier zu empfehlen. Es sollte aber genügend Blattmasse beim Einräumen in das Winterquartier verbleiben, da sie dort bis zum Frühjahr etwas eintrocknen, was aber völlig normal ist. Eine lockere nährstoffreiche Erde im Topf, alle drei Wochen eine Flüssigdüngung, Gießen mit Regenwasser und ein Umtopfen alle drei Jahre garantieren ein gutes Wachstum und eine Vielzahl der begehrten Blüten.

Der Oktober im Garten Schöne

EIN FEUERWERK DER FARBEN

Wer keine herbstfärbenden Gehölze im Garten hat, bringt sich um viele Gartenerlebnisse – auch wenn das Feuerwerk der Farben manchmal nur von relativ kurzer Dauer ist. Das trifft zum Beispiel auf den Federbusch, die Fothergilla zu, die neben der interessanten Blüte in Weiß spektakulär im Oktober leuchtend rot durchfärbt und dann nach ungefähr einer Woche alle Blätter förmlich über Nacht abwirft. Als wollte sie uns sagen: Ihr habt ja nun genug Farbe bekommen, mehr geht nicht. Trotzdem möchte ich den Federbusch im Garten nicht missen.

In unserem schlauchförmigen Garten habe ich ganz bewusst herbstfärbende Gehölze gestaffelt gepflanzt. Zum Nachbargrundstück steht ein Eisenholzbaum, der einmal Sichtschutzfunktion übernommen hat und dessen Herbstfärbung den besonderen Wert dieses tollen Gehölzes ausmacht. Leider färbt sich der Eisenholzbaum nur in gelben Farbtönen. Orange- und Rottöne fehlen in der Farbpalette. Mein Fehler war, das Gehölz im grünen Zustand erworben zu haben. Dabei kann man schon in der Baumschule bei Gehölzen von circa 50 Zentimeter Höhe erkennen, in welche Richtung sich die Herbstfärbung bewegt. Das nächste Mal ist Besserung versprochen.

Als Dreiklang gesellt sich zu Eisenholzbaum und Federbusch eine Zaubernuss, deren Herbstfärbung durch die Nachbarschaft mit Gräsern ganz gezielt ausgenutzt wurde. Einige Meter dahinter steht der Blumenhartriegel „China Girl", der neben Blüte- und Fruchtbildung noch eine Herbstfärbung im Gepäck hat, die neben einer kleinblütigen Aster eine gelungene Kombination signalisiert.

▸ In Gelb: Zaubernuss und Rutenhirse und im Garten noch attraktiv: Katzenminze und Salbei (oben); Federbusch; Oktobereisenhut mit Blutberberitze; Eisenholzbaum (unten von links nach rechts)

Artischocken haben wunderschöne Blüten, sind sie mehrjährig?

Artischocken können mehrjährig kultiviert werden, wenn sie mit einem entsprechenden Winterschutz versehen werden. Mir ist die Überwinterung über viele Jahre ziemlich problemlos gelungen. Als Winterschutz eignet sich eine circa 20 bis 30 Zentimeter starke Schicht aus Stroh um die Pflanze. In meinem Garten genügte eine ebenso starke Schicht aus lockerem Laub, welches ich um die Artischocken geschüttet habe. Reisigzweige verhindern, dass das Laub wegfliegt. Wichtig ist, dass die Pflanzen im Winter vor zu viel Feuchtigkeit geschützt werden, da sie sonst schnell faulen können. Zu diesem Zweck habe ich eine Kiste mit Folienboden über die Pflanze gestülpt. Nach der Blüte der Artischocken werden die Stängel bodennah abgeschnitten. Die Pflanzen bilden dann oft neues Blattwerk. Das wird dann vor den ersten Frösten wie beschrieben geschützt.

Wenn im April Laub beziehungsweise Stroh entfernt wird, haben die Artischocken möglicherweise schon helles Laub getrieben. Das wird dann schnell grün und mit einer kräftigen Düngung entfaltet die Pflanze dann bald das wunderschöne ornamentale Blattwerk und bringt im Sommer die von Hummeln und Bienen umschwärmten blauen Blüten hervor.

Unsere Funkien bekommen gelbe Blätter, sollen wir sie abschneiden?

Für mich als Funkien-Liebhaber, der etwa 60 verschiedene Arten und Sorten im Garten angesiedelt hat, ist die Herbstfärbung noch mal ein Höhepunkt im Gartenjahr. Die schattigen Ecken werden noch mal in verschiedene Gelbtöne getaucht, bevor die Phase beginnt, die viele Gartenbesitzer im aufgeräumten Garten auf ihre Art und Weise beenden, weil sie das Laub bodennah abschneiden. Wenn die ersten Fröste über die Funkien (Hosta) gehen, sieht das Laub natürlich nicht mehr allzu gut aus. Ich betrachte es als einen natürlichen Winterschutz und belasse es an der Pflanze. Im Frühjahr lässt es sich mit wenigen Handbewegungen entfernen. Die alten Blütenstängel werden abgebrochen oder bei einigen Sorten, die hartnäckig sind, mit der Schere entfernt.

Jeder muss selbst entscheiden, ob das Laub im Herbst abgeschnitten wird oder nicht. Wen das abgestorbene Laub nicht stört, dem empfehle ich, es einfach über den Winter an der Pflanze zu belassen, da es auch eine schützende Wirkung hat.

Können die Früchte der Zierquitte verarbeitet werden?

Die reifen goldgelben Früchte der Zierquitte können natürlich zu leckeren Säften und Gelees verarbeitet werden. Allerdings ist die geerntete Menge von ein bis zwei Sträuchern oft nicht so groß, dass sich eine Weiterverarbeitung lohnt. Wir nehmen die Scheinquittenfrüchte deshalb als „Beigaben" zu unseren Apfelquitten, die in größeren Mengen anfallen und das Regal mit selbst gemachten Marmeladen von Quittengelee und Quittenmus komplettieren.

Mit den Früchten der Scheinquitte fülle ich oft Schalen, die in der Wohnung aufgestellt, den wunderbaren intensiven Quittenduft verbreiten, der für mich neben den Chrysanthemendüften der Inbegriff des goldenen Herbstes ist.

Soll ich die Rosen im Beet mit Rindenmulch versehen?

In ein Rosenbeet Rindenmulch auszubringen würde ich niemals empfehlen. In der Nachbarschaft sehe ich immer wieder, dass mit Rindenmulch versucht wird, Beete mit Rosen und Beerenobst, die oft verunkrautet sind, mit Rindenmulch zu kaschieren. Man hat die Hoffnung, dass mit Rindenmulch Unkrautwuchs unterdrückt wird. Meine Erfahrung sagt, dass Unkraut in gemulchten Rosenbeeten schwerer entfernt werden kann und eine Bodenbearbeitung komplizierter wird. Auch das Düngekonzept gerät durcheinander, da Stickstoff durch den Rindenanteil nachgedüngt werden muss, und es schwierig wird, hierbei das richtige Maß zu finden.

Dabei würde ich reine Rosenbeete ohnehin nicht mehr empfehlen, sondern Rosen nur mit Begleitpflanzen ergänzen, die ihre Wirkung noch steigern und helfen, Krankheiten einzudämmen. Auch das notwendige Anhäufeln von Rosen, zu dem ich immer noch stehe, lässt sich einfacher ohne Rindenmulch bewerkstelligen.

Wie überwintere ich den im Garten ausgepflanzten Enzianstrauch?

Eine Überwinterung im Garten ist nicht möglich. Der Enzianstrauch, ob Stämmchen oder Busch, sollte mit einem Rückschnitt von circa 50 Prozent in das Winterquartier kommen. Ist die reichblühende Kübelpflanze ausgepflanzt, wird ein dem vorgesehenen Topf oder Kübel angemessener Ballen gestochen und die Pflanze eingetopft. Frostfrei, bei Temperaturen um die 10 °C, kommt die auch als Kartoffelstrauch bekannte Kübelpflanze gut über den Winter, auch bei nicht optimalen Lichtverhältnissen. Der Wurzelballen sollte nie ganz austrocknen. Vor dem Ausräumen ins Freie empfiehlt sich ein Auslichtungsschnitt im April, wo alle dünnen einjährigen Triebe entfernt werden und das Gerüst dadurch luftiger gestaltet wird. Bei reichlich Wasser- und Düngergaben im Sommer entwickeln sich prächtige, vor allem blaublühende Büsche, die in England gern als Spalier an Häuserwände gezogen werden.

Ohrenkneifer treten in Massen auf. Was kann man dagegen tun?

Wenn Ohrenkneifer in Massen auftreten, können Schäden vor allem im Obstbau auftreten, da süße Früchte begehrte Zielobjekte sind, und die Ohrenkneifer gerne die Blütenblätter vertilgen. Im Privatgartenbereich sind sie mehr Nützlinge, da sie auch Blattläuse und andere tierische Schädlinge vernichten und sogar Mehltaurasen abweiden. Dazu sollte man es allerdings gar nicht erst kommen lassen. Um sie umzusiedeln, können Tontöpfe mit Holzwolle oder Stroh gefüllt entweder in die Obstbäume aufgehangen oder an bevorzugte Stellen platziert werden. Sie halten sich hier gern auf und können dann in der Natur problemlos ausgesetzt werden. Die Flügel benutzen sie nur selten und mithilfe der zangenähnlichen Kneifer am Hinterleib werden diese geöffnet. Diese Zangen dienen auch zur Verteidigung, und um das Vorurteil auszuräumen: uns kneifen sie nicht. Also freuen Sie sich über einige Exemplare in Ihrem Garten und siedeln Sie diese nur dann um, wenn sie in wirklich größeren Mengen auftreten.

Wie schneide ich den Indigostrauch richtig oder besser gar nicht?

Wegen seiner langen Blütezeit und den ansehnlichen dunkelrosa Blüten ist der Indigostrauch für geschützte sonnige Lagen ein wertvoller Sommerblüher. In Weinbaulagen lässt er sich gut kultivieren, sollte aber außerhalb dieser Zonen im Winter durch Laub und Reisigabdeckung geschützt werden.

Normalerweise reicht ein Rückschnitt um ein Drittel im Frühjahr aus, um wieder kräftig durchzutreiben. Sollte der Frost in raueren Lagen mehr Schaden angerichtet haben, ist ein totaler Rückschnitt unumgänglich. Für Freunde mediterraner Gärten ist der Indigostrauch eine wichtige Bereicherung des Sortimentes.

Ich habe einen 80-jährigen Kaiser-Wilhelm-Apfel im Garten und möchte ihn gern erhalten. Vor Jahren habe ich einen Ast abgesägt, wo jetzt ein circa 50 Zentimeter großes Loch entstanden ist und Baummehl herauskommt. Ist der Baum noch zu retten?

Den Versuch sollte man in jedem Fall wagen, um den Apfelbaum mit den säuerlich-süß schmeckenden Früchten zu retten. Das entstandene Astloch würde ich mit einem geeigneten Werkzeug auskratzen, zum Beispiel einer Drahtbürste oder Messer. Danach säubern Sie das Loch und behandeln es mit Baumbalsam, damit sich keine Pilzkrankheiten bilden können. Wenn die 80 Jahre für einen Apfelbaum schon ein stattliches Alter sind, so können sie bei guter Pflege und vor allem durch Schnittmaßnahmen verjüngt werden und auch die 100-Jahresgrenze knacken.

Wie wird die Jiaogulanpflanze kultiviert?

Es ist schon eine ganz besondere Pflanze, die aus Asien ihren Weg nach Europa angetreten hat und ab Anfang unseres Jahrhunderts auch in Deutschland kultiviert wird. Das „Kraut der Unsterblichkeit“ soll in ihrer heilenden Wirkung auch gegen Krebs selbst den Ginseng übertreffen. Verwendet werden vor allem die jungen Blätter für Salate oder meist für Tees. Die Kultur der mehrjährigen Kletterpflanze ist sehr einfach: Triebe in ein Wasserglas gestellt, wurzeln meist sehr schnell und können dann in ein humoses Substrat getopft werden. Auch Stecklinge, entsprechend feucht gehalten, bilden bald Wurzeln. Im Freien lassen sie sich recht gut von Mai bis Oktober kultivieren, wenn sie nicht direkt in der Sonne stehen. Nach einer Überwinterung bei Temperaturen zwischen 10 bis 20 °C wird kräftig zurückgeschnitten und die Pflanzen beginnen dann, zügig zu wachsen. Eine Kletterhilfe ist in jedem Fall empfehlenswert.

Was kann man gegen Ackerschachtelhalm in den Beeten tun?

Eigentlich sollte man auf Flächen mit Ackerschachtelhalm keine Beete anlegen, da dadurch der Grundstein für viele Gartenärgernisse gelegt wird. Um den sich schnell ausbreitenden Ackerschachtelhalm wirkungsvoll zu bekämpfen, muss man das Übel an der Wurzel anpacken und die Standortbedingungen verändern. Ackerschachtelhalm ist der ideale Anzeiger für oft saure und verdichtete schwere Böden. Der Boden sollte also regelmäßig gelockert, mit Sand versehen und gekalkt werden, damit er durchlässiger wird. Eine Gründüngung mit Lupinen wird empfohlen, da ihre Wurzeln den Boden lockern und mit Stickstoff anreichern, was der Ackerschachtelhalm nicht mag.

Ökologische und chemische Mittel helfen nur kurzfristig und bringen die oberirdischen Triebe zum Absterben. Die sehr tief liegenden Rhizome sind sehr widerstandsfähig und bringen viele Gartenbesitzer oft zum Verzweifeln. Darum ist die Ursachenbekämpfung so enorm wichtig.

Dabei ist der Ackerschachtelhalm eine durchaus interessante Pflanze mit interessanten Blattstrukturen. Positives lässt sich insofern berichten, dass Pflanzenbrühen aus Ackerschachtelhalm zur Pflanzenstärkung und als Mittel gegen Pilzerkrankungen, zum Beispiel bei Rosen, in regelmäßiger Anwendung beitragen können.

„Alles andere

als grau..."

NOVEMBER

Im November ist Zeit …

… Pampasgräser zusammenzubinden und mit Laub zu mulchen

… Futterstellen für Vögel zu schaffen

… an geeignete Stellen im Garten Laubhaufen als Winterquartier für Igel zu schaffen

… gelagertes Obst und Gemüse regelmäßig zu kontrollieren

… Kakteen kühl und trocken zu überwintern

… spätestens jetzt Seerosen aus flachen Teichen herauszunehmen und im Keller oder unter einer dicken Laubschicht zu überwintern

… Schutz bei Obstgehölzen vor Wildverbiss anzubringen

… nur gesunde Gladiolenknollen bei Temperaturen um die 10 °C zu überwintern

… für das Entleeren und Abstellen von Wasserstellen

… für den Winterschutz für immergrüne Gehölze und immergrüne Polsterstauden (Vlies, Fichtenreisig)

… um Kamelien jetzt in helle und kühle Winterquartiere umzusiedeln

… Hortensienblüten erst im Frühjahr zurückzuschneiden

… für Adventsgestecke und -kränze mit immergrünen Gehölzen wie Stechpalmen, Wacholder und Buchsbaum zu fertigen

„Das Schicksal geht mit uns
wie mit Pflanzen um. Es macht uns
durch kurze Fröste reifer.“

Jean Paul (1763–1825)

Wie schneide ich am besten Kugelahorn, damit er seine runde Form erhält?

In den ersten Jahren muss der Kugelahorn nicht unbedingt geschnitten werden. Der Schnitt wird dann notwendig, wenn die Bäume im fortschreitenden Alter in die Breite gehen und der ursprünglich vorgesehene Platz aus den Nähten zu platzen droht. Dann sollte zunächst das Astgerüst kritisch beobachtet und zu dichtes Astwerk ausgelichtet werden. Auch ein radikaler Rückschnitt im zeitigen Frühjahr ist möglich, um das Gehölz komplett zu verjüngen. Ansonsten werden die Äste nur so weit zurückgeschnitten (bis an ein „schlafendes Auge“), dass, den Neutrieb eingerechnet, die gewünschte Form erreicht wird.

Im öffentlichen Grün sieht man oft Kugelahornbäume, die aus Zeitgründen nicht geschnitten wurden. Wenn sie gesund und keine abgestorbenen Äste in der Krone sind, machen sie einen passablen Eindruck. Dabei wirkt die nicht mehr ganz runde Form kaum störend.

Wie pflege ich die fleischfressende Kannenpflanze in der insektenarmen Zeit?

Kannenpflanzen können auf Dauer nur in Gewächshäusern oder Terrarien mit hoher Luftfeuchtigkeit und relativ hohen Temperaturen gehalten werden. Sie sollten auch recht sonnig stehen, da sie sonst keine Kannen ausbilden. Eine Zimmerkultur schließt sich daher fast aus oder dürfte nur von kurzer Dauer sein. Die gute Nachricht ist, dass Kannenpflanzen auch in der insektenarmen Zeit nicht auf Beutetiere angewiesen sind. Da sie viel Wasser benötigen, sollte unbedingt mit kalkarmem Wasser, möglichst mit Regenwasser gegossen werden. Wichtig ist die Verwendung eines speziellen Substrates für fleischfressende Pflanzen (Karnivoren), welches auch in den Gartenmärkten angeboten wird.

Die erfolgreiche Kultur der Kannenpflanzen ist auch für den versierten Pflanzenfreund nicht ganz einfach.

Kann man die Prachtkerzen auch teilen? Wie überwintert man sie am besten?

Prachtkerzen (Gaura) lassen sich schwer teilen. Das ist aber auch nicht nötig, da sie sich in der Regel durch Aussaat leicht vermehren lassen beziehungsweise zur Selbstaussaat neigen. Sie sind daher als kurzlebige Blühpflanzen bekannt. In klimatisch günstigen Regionen überwintern sie ohne Probleme und bilden dann große Büsche, die Nachbarpflanzen durchaus bedrängen können.

Zum Auflockern von Staudenpflanzungen mit Gräsern sind sie hervorragend geeignet (im Foto Prachtkerzen mit Pampasgräsern). Wer schwere Böden mit Winterfeuchte hat, sollte den Standort vor der Pflanzung mit Sand auflockern, da sie sonst im Frühjahr, auch durch Frosteinwirkungen bedingt, nicht mehr oder nur spärlich austreiben. Mir ist es leider nur selten gelungen, trotz eines leichten Winterschutzes, die Prachtkerzen zu überwintern. Den Versuch sollte man in jedem Fall unternehmen, da der Vormarsch der Prachtkerzen in die Gärten zu Recht nicht mehr aufzuhalten ist und den ganzen Sommer über Blütenwolken in weißen, rosa und roten Farbtönen für Aufmerksamkeit sorgen. Auch für die Kübelbepflanzung empfehlen sie sich.

Ein Bekannter von mir hat einen Walnussbaum mit roten Früchten. Woher bekommt man solche Bäume?

Es handelt sich hier wahrscheinlich um die „Rote Donaunuss", eine Sorte mit eher kleinen Früchten, mit leuchtend roten Kernen sowie vorzüglichem Geschmack. Diese Walnussart ist kaum bekannt, verdient es aber, stärker angebaut zu werden, da sie sehr gesund ist, ausreichend Frosthärte zeigt und geschmacklich etwas ganz Besonderes ist. Die Sorte ist selbstfruchtbar und trägt relativ früh und reichlich.

Der Boden sollte, wie bei allen Walnussbäumen, tiefgründig und nährstoffreich sein. Walnussbäume mit ihrem bronzefarbenen Austrieb, den großblättrigen Kronen, können ganze Landschaftstriche prägen. Zu beziehen ist diese Sorte natürlich über Baumschulen, wobei es über Versandfirmen im Internet auch Möglichkeiten gibt.

Ich habe eine gelbblühende Schönmalve geschenkt bekommen. Im Sommer hat sie prächtig geblüht. Jetzt wurde die Pflanze ins Haus geholt, wie wird sie überwintert?

Schönmalven (Abutilon) sollten an einem möglichst hellen Standort (etwa am Fenster am Treppenhaus) und bei Temperaturen zwischen 10 bis 15 °C überwintert werden. Vor dem Einräumen in das Winterquartier empfiehlt sich, wie bei anderen Kübelpflanzen ein leichter Rückschnitt, um die Verdunstungsflächen einzuschränken und den gewünschten Habitus wiederherzustellen.

Häufigeres Umtopfen, wenn machbar sogar jährlich im Frühjahr, bekommt der reich blühenden Pflanze mit den leuchtenden Farben recht gut. Außer direkter Mittagssonne, sind die Abutilon für sonnige Standorte geeignet und bedanken sich dann mit üppigem Blütenflor.

Der November im Garten Schöne

VON TÖPFEN UND TRÖGEN

Bepflanzte antike Steintröge waren schon immer ein großes Hobby von mir. Die Bepflanzung zielte immer auf ganzjährige Erlebbarkeit. Dabei haben sich einige Kiefern als besonders langlebig und widerstandsfähig erwiesen. So steht zum Beispiel die Zwergform einer Panzerkiefer, Pinus leucodermis „Schidtii", schon seit über 35 Jahren in einem seltenen runden Steintrog, der mich immer an meinen Heimatort in der Sächsischen Schweiz erinnert und der aus Elbesandstein durch Handarbeit geschlagen wurde.

In vielen Seminaren habe ich auf die Möglichkeit aufmerksam gemacht, Miniaturgärten in Töpfen, Schalen und Trögen zu gestalten, deren Wirkung tatsächlich ganzjährige Freuden garantiert. Wichtig sind dabei folgende Grundsätze:

- ausreichende Frostbeständigkeit des Gefäßes
- garantierter guter Wasserabzug
- etwa 5 bis 10 Zentimeter Drainage (Blähton, Lavagrus etc.)
- Verwendung einer guten Kübelpflanzenerde als Gemisch mit etwa 20 Prozent grobkörnigem Sand
- nach der Pflanzung unter Verwendung und gestalterischer Einordnung von passenden Steinen eine Bedeckung der Zwischenräume mit Lavagrus, Granitsplitt oder Travertinschutt möglichst in der Art der Steinverwendung
- in Trögen mit Schiefer empfiehlt sich natürlich Schieferschutt als Abdeckung

Wenn seltene Steingartenpflanzen wie der Felsenteller sich im Trog wohlfühlen und sich sogar aussäen, ist die Freude natürlich groß. Auch die Bitterwurz mit ihren imposanten Blattrosetten und den Blüten mit großer Farbpalette sorgen mit Blüte und Nachblüte sogar manchmal noch im Herbst für Überraschungen. Der Phantasie sind bei der Gestaltung von speziellen Gefäßen keine Grenzen gesetzt. Wer also von den farbenfrohen Balkonpflanzen mal eine mehrjährige Pause einlegen möchte, dem sei diese Art saisonunabhängige Bepflanzung empfohlen.

► Garten Schöne im Raureif (oben); Zwergpanzerkiefer im Trog und Herbstimpression mit Zinkgießkanne (unten von links nach rechts)

Ich habe einen Olivenbaum. Braucht er einen Partner, der ihn zur Blüte anregt?

Olivenbäume blühen in der Regel erst ab dem fünften Standjahr. Obwohl es einige selbstfruchtende Sorten gibt, ist der Ertrag durch Fremdbestäubung größer. Im privaten Bereich ist jedoch die Beschaffung eines weiteren Olivenbaumes aus Platzgründen oft nicht möglich. Geduld ist auch hier angesagt, um Blüten und Fruchtbildung zu erleben, vorausgesetzt, man kann ein helles und kühles Winterquartier bieten. Eine erfolgreiche Kultur ist gerade mit dieser Bedingung auf das Engste verbunden. Natürlich sollte man auf jeden Fall von Mai bis Oktober den Olivenbaum im Freien kultivieren.

Ich konnte meine Pfefferminze nicht ernten, weil alles voller schwarzer, glänzender Käfer war. Wie verhindere ich das im nächsten Jahr?

Es handelt sich hierbei um den sogenannten Minzeblattkäfer, der von metallisch glänzend grün bis blau oft an der Pfefferminze durch Blattfraß auftreten kann. Im Allgemeinen genügt bei wenig Befall ein Absammeln, möglichst in den Morgenstunden, wo er noch nicht so beweglich ist. Bei stärkerem Befall können Pflanzenbrühen oder -jauchen aus Brennnesseln und Rainfarn zur Anwendung kommen. Die ganze Pflanze kann auch komplett zurückgeschnitten werden. Sie werden dann bei guter Wasser- und Nährstoffversorgung bald wieder durchtreiben und ein weiterer Befall durch den Minzeblattkäfer hält sich dann meist in Grenzen. Da die Eiablage der Käfer im Frühjahr nach Austrieb erfolgt, lohnt es sich, den Neuaustrieb zu untersuchen, um gegebenenfalls die Eigelege zu entfernen.

Bei geringem Befall – und wer hat das noch nicht erlebt? – kann ich diesen hübschen Käfern sogar etwas abgewinnen, da sie wirklich schön anzuschauen sind.

Unsere Melonenbirne ist drei Jahre alt und hat im vergangenen Jahr gut getragen. In diesem Jahr haben sich keine Blüten gebildet. Wie muss die Pflanze überwintert werden?

Die Melonenbirnen finden immer mehr Liebhaber, da guter Geschmack, reiche Ernten und auch die Mehrjährigkeit dazu verführen, sich mit dieser Gemüseart zu probieren. Nach den Eisheiligen werden die Pflanzen an einen warmen und vollsonnigen Standort gesetzt und ausreichend mit Wasser und Nährstoffen versorgt. Ob im Kübel oder ausgepflanzt, nach der Blüte im Juni/Juli entwickeln sich ab August die Früchte, die nach leichter Gelbfärbung erntefähig sind.

Überwintert werden sie bei Temperaturen zwischen 5 bis 10 °C und vor allem auch an hellen Standorten. Wenn die Pflanzen während der Saison ausgepflanzt wurden, werden Ballen gestochen und diese dann eingetopft. Beim Einräumen in das Winterquartier wird ein Rückschnitt um etwa 50 Prozent empfohlen, da die Pflanzen bis einen Meter hoch werden können.

Vielleicht war in unserem Fall bei dem Fragesteller der Verlust an Blüten bedingt durch den trockenen Sommer und nicht ausreichender Wasserversorgung.

Ich habe zwei wunderschöne Geldbäume, nur die Blätter bekommen einen weißlichen, grisseligen Belag. Was ist das?

In diesem Fall tippe ich auf eine physiologische Störung. Ein Mehltaubefall, der eher selten bei Geldbäumen (Crassula) auftritt und auch die Ursache sein könnte, zeigt andere Symptome. Deshalb würde ich die Kulturbedingungen überprüfen. Der grisselige Belag kann durchaus auch durch zu feuchte Haltung entstehen.

Es empfiehlt sich, die Pflanzen im Sommer im Freien zu kultivieren. Kühle und helle Standorte im Winterquartier und ab und an Umtopfen in Kakteenerde begünstigen nach einigen Jahren die Blütenbildung mit kleinen, weißen und duftenden Blüten. Es ist eine Pflanze, die weit verbreitet ist, die sich leicht kultivieren lässt und bei guter Entwicklung für das nötige „Kleingeld“ sorgt.

Ich liebe die Inkalilien, bekomme sie aber nie über den Winter, was kann ich tun?

Die Sortenvielfalt der beliebten Inkalilien (Alstromerien) mit dem ganz eigenen Farbspektrum und den schön gezeichneten Blüten nimmt immer mehr zu, zudem mittlerweile auch für die Kübelbepflanzung neue kleinwüchsige Sorten in den Handel gekommen sind.

Die Knollen werden vor den ersten Frösten im Spätherbst ausgegraben und dann frostfrei überwintert, ähnlich denen der Canna. Die einfachere Art, Alstromeria aurantiaca, haben wir im ega-Park viele Jahre lang mit leichtem Schutz kultiviert. Da sie nicht sehr langlebig sind, muss man immer mal wieder für Nachschub sorgen. In vollsonnigen Lagen sorgen sie in Staudenrabatten und Farbbeeten als Sommerblüher immer wieder für überraschende Blüheffekte.

Was ist der Unterschied zwischen Pastinaken und Petersilienwurzeln?

Pastinaken feiern ein erstaunliches Comeback, nachdem sie jahrzehntelang kaum beachtet wurden. Sowohl die Wurzeln der Petersilie als auch der Pastinaken wirken verdauungsanregend und enthalten viele ätherische Öle. Der Hauptunterschied liegt im Geschmack. Während die Petersilienwurzeln den typischen Geschmack der Petersilie entfachen, haben die Pastinakenwurzeln einen würzig-nussigen Geschmack.

Ein weiterer deutlicher Unterschied wird im Kopfteil der Wurzeln deutlich. Während bei Pastinakenwurzeln der Blatteinsatz deutlich eingesunken ist, wird er bei Petersilienwurzeln nach oben gewölbt. Die Pastinakenwurzeln sind auch wegen des relativ hohen Zuckergehaltes sehr beliebt. Nicht zuletzt trägt die ansehnliche Blüte, wenn man sie länger kultiviert und zur Blüte kommen lässt, zur Beliebtheit der Gemüseart bei.

Ich habe eine Lulupflaume mit großen Stacheln an Blättern und am Stamm. Wie wird diese überwintert?

Die aus Südamerika kommende Lulupflaume ist sicherlich etwas für den ausgesprochenen Pflanzenliebhaber und experimentierfreudigen Gartenfreund. Die Pflanze kann mehrjährig im Kübel kultiviert und bei 10 bis 15 °C überwintert werden. Die Früchte werden vor allem zu Marmeladen, Gelees und Säften verarbeitet. Sie sind bestachelt oder unbestachelt und benötigen etwa fünf Monate bis zur Vollreife. Für das Gewächshaus sind sie nicht geeignet, da sie aus dem Hochland kommen und im Sommer Probleme mit den Temperaturen um die 30 °C haben. Die Pflanzen können im Frühjahr auch an eine sonnige Stelle im Garten ausgepflanzt werden. Sie entwickeln sich dann üppiger als im Topf, wobei die Mehrarbeit des Ballenstechens und Einkübelns im Herbst vor dem ersten Frost mit in Kauf genommen werden muss. Die ganze Pflanze macht mit den großen lila überhauchten Blättern einen fast tropischen Eindruck und ist mit der stattlichen Erscheinung schon ein Hingucker im Gemüsebeet.

Wir haben Flaschenkürbisse angezogen, wie sollen diese getrocknet werden?

Nur vollreife Früchte eignen sich zum Trocknen. Die Ernte darf also keineswegs zu früh erfolgen. Günstig ist bereits an der Pflanze im Beet, dass die großen Früchte, die zum Trocknen vorgesehen sind, organisches Material wie Stroh oder Ähnliches untergeschoben bekommen, um braune Stellen zu vermeiden, die das spätere Aussehen beeinträchtigen können. An einem warmen und luftigen Ort müssen die Flaschenkürbisse dann möglichst aufgehängt und so lange getrocknet werden, bis die Samen im Inneren beim Schütteln klappern. Die Flaschenkürbisse (im getrockneten Zustand Kalebassen genannt) sind dann als Trinkgefäße, Vogelhäuser und vieles andere zu verwenden. Ein Laubengang mit Flaschenkürbissen bepflanzt, die dann mit ihren vielfältigen Fruchtformen abhängen, entwickelt natürlich auch eine ganz besondere Aura.

Es gibt auch ein Schnellverfahren, was aber sehr „anrüchig“ ist. Mit einem Holzbohrer bohrt man ein etwa ein Zentimeter breites Loch in den Fruchtansatz. In die Kalebasse wird dann ein wenig Erde hineingegeben und das Innere mit einem dünnen Stab zerstoßen. Die Früchte werden dann in Wassereimer gelegt, wo sie mit Steinen beschwert etwa zwei Wochen verbleiben und von innen her faulen. Nach dieser Prozedur wird das Innere mit einem Wasserstrahl ausgespült und mit einer Bürste nachgeputzt. Diese Arbeiten werden begleitet durch einen sehr strengen Geruch. Die Früchte werden dann so lange ins Wasser gelegt, herausgenommen und gut ausgespült, bis der strenge Geruch vergeht. Dann werden sie auf einen Stab verkehrt herum gesteckt und so getrocknet. Nach dieser Prozedur sind sie sehr lange haltbar.

„Aus Kalebassen kann man Trinkgefäße herstellen.“

Wie überwintert man Seerosen, wenn der Teich nur etwa 30 bis 40 Zentimeter tief ist?

Wenn die Wassertiefe nur etwa 30 bis 40 Zentimeter tief ist, empfiehlt es sich nicht, die Seerosen über den Winter im Teich oder anderen Wasserbecken zu belassen. Die Körbe, in die sie gepflanzt worden sind, können an einen geschützten Platz gestellt und dann mit einer dicken Laubschicht bedeckt werden. Vor dem Wegfliegen des Laubes hilft eine Abdeckung mit Nadelholzzweigen. Wir haben so viele Jahre lang im ega-Park unsere Seerosen überwintert. Allerdings wurde dann auch das Wasser aus dem Becken abgelassen. Ab einer Wassertiefe von etwa 60 bis 80 Zentimeter können die Seerosen, vorausgesetzt es sind winterharte Sorten, auch am Standort verbleiben. Besonders die heimischen Seerosen haben damit keine Probleme.

Der Zierstrauch „Winterblüte" hat noch nie geblüht, warum ist das so?

Die chinesische Winterblüte ist eine wertvolle Ergänzung der wenigen im Winter blühenden Ziersträucher. Besonders in milden Wintern kann sie bereits ab Weihnachten, ähnlich dem Winterjasmin, mit den gelben, becherfömigen Blüten aufwarten. Bis zur ersten Blüte ist allerdings Geduld gefragt. In der Regel blühen sie erst ab dem fünften Standjahr. Der Blühbeginn kann sich aber durchaus noch nach hinten verschieben.

Die Wahl eines sonnigen bis maximal halbschattigen Standortes, mit lockerem humusreichen und durchlässigen Boden ist empfehlenswert. In den ersten Jahren ist bei strengem Frost ein Vliesschutz angebracht. Ansonsten können Temperaturen bis –10 °C vertragen werden. Bei länger anhaltenden strengen Kahlfrösten ist ein Winterschutz, auch bei älteren Sträuchern, ratsam.

Der Porree hat kleine braune Gänge, es sind kleine Tierchen zu sehen. Was kann man dagegen tun?

Die Bekämpfung der Porree- oder Lauchminierfliege kann nur vorbeugend erfolgen. Wie bei Zwiebeln und Möhren muss der ganze Bestand mit besonders feinmaschigen Kulturnetzen abgedeckt werden, besonders in den Spätsommermonaten. Auch gegen die verbreitete Lauchmotte helfen Kulturschutznetze. Es ist natürlich zunächst umständlich und verursacht Mehraufwand. Bei den Pflegearbeiten muss ja das Kulturschutznetz entfernt und anschließend wieder angebracht werden. Am Ende aber lohnt auch diese Investition, zumindest für denjenigen, der Porree aus dem eigenen Garten auf dem Tisch haben möchte. Es ist ja sonst immer ärgerlich, wenn man nach gedachter erfolgreicher Kultur im Inneren der Pflanze Fraßschäden feststellt und die Verarbeitung in der Küche fraglich wird.

IHR TIPP: EINE ERDMIETE FÜR DIE FUCHSIEN

„Um die Fuchsie zu überwintern, können Gartenbesitzer eine circa 70 Zentimeter tiefe Grube in den Boden graben und den Grund sowie die Seitenwände mit Styropor auslegen. Hier werden die Fuchsien mit ihren Töpfen hineingestellt. Die Fuchsien sollten vorher sorgsam entblättert und zurückgeschnitten werden. Es sollten wirklich alle Blätter abgeknipst sein. Über die Fuchsien kommt zunächst eine weitere Styroporplatte und eine dicke Schicht Laub darüber. Eine Reisigdecke verhindert dann das Wegfliegen des Laubes und schützt zusätzlich. Fertig ist die Erdmiete.

Fuchsien gehören zu Recht zu den beliebtesten sommerblühenden Topfpflanzen. Im ega-Park haben wir oft vom Standort der Fuchsiensammlung über Pflege und Kulturmaßnahmen berichtet. Übrigens halten die Blüten in Wasserschalen eine Woche lang und zeigen die Vielfalt und Schönheit der Einzelblüten. Es hat sich eine große Liebhaberschar um die Fuchsien eingefunden, die in der Deutschen Dahlien-, Fuchsien- und Gladiolengesellschaft e. V. ihre Heimstatt hat."

Seit dem Frühjahr steht im Garten bei uns eine chinesische Hanfpalme. Wie überwintere ich diese?

Wer exotische Pflanzen in seinem Garten liebt, kommt nicht umhin, die chinesische Hanfpalme zu einem Gartenauftritt „zu überreden", zumal sie ja mit Winterschutz bis zu –15 °C vertragen kann. Wie bei vielen anderen frostempfindlichen Gewächsen gilt auch hier: Je älter die Pflanze ist, desto mehr Frost wird vertragen. Um die chinesischen Hanfpalmen im Freien zu überwintern, müssen die oberirdischen Pflanzenteile nach den ersten Frösten im Herbst mit einem Vlies von 50 bis 80 g/m² umwickelt werden. Fertigvlieshauben mit Reißverschluss und Band zum Festzurren erleichtern diesen Vorgang. Zusätzlich sollte der Wurzelbereich mit einer dicken Stroh- oder Laubschütte geschützt werden. Kleine Strohballen, die auch in der Haustierhaltung eine Rolle spielen, sind hierfür bestens geeignet. Der Standort sollte in jedem Fall sonnig und geschützt sein, besonders vor kalten Ostwinden. Die Wärmerückstrahlung des Hauses kann hier gute Dienste leisten. Mit Interesse habe ich immer die Überwinterung der chinesischen Hanfpalmen vor dem Eingangsgebäude im Palmengarten Frankfurt beobachtet. Hier wurden die Palmen mit durchsichtigen Kunststoffplatten und einem Gestell umbaut sowie mit einem Frostschutzwächter versehen. In den ersten Jahren, wenn die Palmen noch gut zu transportieren sind, lohnt die frostfreie Überwinterung an heller Stelle in der Garage oder im Keller. Auf keinen Fall eignen sich Folien für die Überwinterung, da der Luftaustausch fehlt und es zu großen Temperaturunterschieden kommen kann. Bei der Überwinterung im Freiland muss bei starken Frösten um die –20 °C der Vliesschutz ergänzt werden.

Ich habe mehrere Steppenkerzen, die sehr blühfaul sind. Was kann man tun?

Wenn Steppenkerzen blühfaul werden, liegt es oft an falscher Pflanzung oder Überalterung. Die seesternähnlichen Rhizome der Steppenkerzen (Eremurus) sollten in einer Tiefe von 10 bis 12 Zentimeter waagerecht in groben Sand gelegt und dann mit lockerer Gartenerde verfüllt werden. Ein vollsonniger Standort ist Voraussetzung für gutes Gedeihen. Beim Herausnehmen älterer Rhizome, die mittlerweile kreuz und quer gewachsen sind, muss behutsam vorgegangen werden, da diese leicht brechen.

Wenn die Blüte nachlässt, ist diese Maßnahme aber unerlässlich. Eine Grabegabel eignet sich dabei besser als ein Spaten. Schwere Böden sollten mit Sand oder mineralischen Bestandteilen verbessert werden. Steppenkerzen sind prachtvolle Blüher, hinterlassen aber im Spätsommer ein Loch in der Rabatte. Dafür gibt es genügend Stauden und Gräser als Begleitpflanzen, die diese Lücke schließen können. Trotzdem mögen sie es nicht, wenn andere ausbreitungswillige Stauden ihnen auf die „Pelle" rücken.

Unsere Blautanne im Garten wird von innen her braun und verliert die Nadeln. Warum?

In den 1960er und 1970er Jahren waren die Blaufichten (oft als Blautannen bezeichnet) auf dem Höhepunkt ihrer Karriere angekommen. Jeder Gartenbesitzer, der was auf sich hielt, musste sie im Garten haben, zumal die Blaufichten oft mit Weihnachtsschmuck im Garten den obligatorischen Weihnachtsbaum ersetzten, der zu DDR-Zeiten in guter Qualität oft erst nach einer schwierigen Beschaffung (Vitamin B = Beziehung) bedurfte. In den letzten Jahren ist bedingt durch lange Trockenperioden und fehlende Niederschläge besonders in den Wintermonaten der Befall durch die Sitkafichtenlaus sprunghaft angestiegen. Fast jeder konnte miterleben, wie gestandene Blaufichten, die zum Teil der Stolz der Straße waren, der Kettensäge zum Opfer fielen, weil ihr kümmerliches und bedauerliches Aussehen keine andere Wahl ließ. Unter uns gesagt, empfand ich die jäh unterbrochene Popularität der Blaufichten, vor allem in ländlichen Regionen nicht als Nachteil. Als gebürtiger Sachse und Freund der Berge der Sächsischen Schweiz hatten mich immer diese blau leuchtenden „Fremdkörper" gestört, wenn ich vom Gipfel einiger Berge in Ortschaften geblickt habe und ich mir lieber einheimische Laubbäume anstelle der Blaufichten gewünscht hätte. Manchmal gehen halt auch oft kuriose Wünsche in Erfüllung.

Bei jungen Blaufichten, es gibt übrigens auch eine Menge schöner Zwergformen, gibt es Hoffnung. Erst einmal sind sie widerstandsfähiger und können zunächst durch entsprechende zusätzliche Wassergaben gut im Wachstum gehalten werden. Zur direkten Bekämpfung der Sitkafichtenlaus sind ökologische Mittel auf Rapsöl- bzw. Kaliseifenbasis bei zweimaliger Anwendung und Ausbringung mit der Rückenspritze durchaus erfolgreich. Durch die sogenannte Klopfprobe ist die Schwere des Befalls feststellbar. Das ist allerdings nur, wie beschrieben, bei jüngeren Exemplaren sinnvoll.

Kann man ältere Edelrosen jetzt noch umpflanzen?

Der November ist bei frostfreiem Wetter die beste Zeit zum Umpflanzen von älteren Rosen. Gerade bei Umzügen will man auf seine Lieblinge nicht verzichten, die jahrelang treue Begleiter waren. Wer diese Arbeiten schon einmal gemacht hat, wird bestätigen, dass ältere Rosen im Gegensatz zu jüngeren bedeutend weniger Faserwurzeln besitzen. Es kommt also darauf an, möglichst viele Wurzeln unbeschädigt beim Ausgraben freizulegen. Und das ist oft nicht ganz so einfach, da die Wurzeln ziemlich tief in den Boden gehen und es einige Mühe erfordert, sie unbeschädigt zu bergen. Ein Rückschnitt der oberirdischen Triebe, ähnlich den alljährlichen Frühjahrsschnitt, geht dem Prozedere natürlich voraus, da um die Rose dann besser gearbeitet werden kann. Wenn die Rosen wirklich mit umziehen sollen und längere Strecken zurücklegen müssen, sind die Wurzeln in alte Sackleinen oder ähnlichen Materialien gut einzupacken und am endgültigen Standort vor der Pflanzung einige Stunden in Wasser zu stellen. Beschädigte Wurzeln werden sauber geschnitten. Die Pflanzung erfolgt dann analog zu Jungware. Die Veredlungsstelle kommt einige Zentimeter unter die Erde. Dann wird ordentlich angegossen und angehäufelt.

Es empfiehlt sich, die neue Pflanzstelle vor der Umsiedlung schon vorzubereiten, also tiefgründig zu lockern und für das Anhäufeln Rosenerde zu besorgen, die im Frühjahr nach dem Abhäufeln den Boden verbessern soll. Während sich jüngere Rosen problemlos umpflanzen lassen, wird es mit zunehmendem Alter immer schwieriger. Stehen die Rosen beispielsweise schon 20 Jahre und länger, ist das Umpflanzen natürlich risikobehaftet und gelingt nicht immer.

*„Farben sollen auch
im Winter leuchten,
drinnen wie draußen."*

DEZEMBER

Im Dezember ist Zeit …

… für den Barbaratag am 4. Dezember: Zweige von Kirschen, Aprikosen, Schlehen und Forsythien schneiden, die dann voraussichtlich Weihnachten blühen werden

… Christrosen für weihnachtliche Dekoration zu verwenden (ständiges Gießen ist erforderlich)

… Gemüse zu ernten (Schwarzwurzeln, Grünkohl und Ähnliches)

… Feldsalat, Spinat mit Vlies abzudecken, Ernte ist auch bei Frost möglich

… um den Rasen bei Frost und Schneefall möglichst nicht zu betreten

… sich um immergrüne Gehölze bei starkem Schneefall zu kümmern: Schnee von Zweigen abschütteln, es besteht Bruchgefahr

… um robuste Ziergehölze bei frostfreien Tagen auszulichten

… Falllaub von Obstgehölzen zu entfernen und nicht zu kompostieren

… Kräuter wie Minzen, Petersilie, Schnittlauch und Thymian zurückzuschneiden und mit Koniferenzweigen oder Vlies zu schützen

… für die Pflege der Zimmerpflanzen zur Weihnachtszeit …

… für Alpenveilchen – ständig düngen, gießen und ausputzen und nicht in zu warme Räume stellen

… Azaleen ständig feucht halten, sie bevorzugen ebenfalls helle und kühle Räume

… für Weihnachtssterne – müssen wärmer und hell gestellt werden,
nicht zu feucht halten

„Trauen Sie sich und machen den Garten auch im Winter erlebbar! Es gibt so viele tolle immergrüne Stauden, Gräser, Gehölze und Farne oder gar einige winterblühende Gehölze, die auch im Dezember eine Schau sind. Das sind die grünen Segel, die uns Gartenleuten helfen, über den Winter zu kommen."

Kann ich getopfte Weihnachtsbäume weiter kultivieren?

Unter Umständen ist das möglich, vor allem, wenn die Weihnachtsbäume vor dem Einräumen in die Weihnachtsstube in einwandfreiem Zustand waren, also der Baum gesund und gut mit Wasser versorgt war.

Der Weihnachtsbaum sollte auch nicht vier Wochen in der warmen Stube stehen. Wenn man von Anfang an plant, den Weihnachtsbaum im Garten anzusiedeln, wäre eine zeitliche Beschränkung auf sieben bis zehn Tage in der Wohnung vorteilhaft. Ist der Zeitpunkt gekommen, den Weihnachtsbaum ins Freie zu räumen und frostige Temperaturen im Außenbereich herrschen, wäre zunächst ein frostfreies und helles Aufstellen ratsam, zum Beispiel in der Garage. Hier ist auf eine temperatur-angepasste Wasserversorgung zu achten, die der Weihnachtsbaum auch während der Stressphase in der Weihnachtsstube erhalten sollte.

In einer längeren frostfreien Phase kann der Weihnachtsbaum dann an den vorgesehenen Ort im Garten ausgepflanzt werden. Eine dicke Mulchschicht um den Wurzelballen ist zu empfehlen, damit der Frost nicht in den Ballen dringen kann. Sollte es wieder frostiger werden, muss er mit einem Vlies vor Sonneneinstrahlung geschützt werden. Bei Berücksichtigung aller Maßnahmen, kann der Weihnachtsbaum durchaus auf eine lange Lebenserwartung blicken.

Der Dezember im Garten Schöne

TRÄUMEN VON GARTENRÄUMEN

Auch im Dezember, wo alle Gedanken schon auf das bevorstehende Weihnachtsfest und den Jahreswechsel fokussiert scheinen, bin ich im Garten unterwegs. Dabei freue ich mich immer wieder auf die Grundstruktur des Gartens, die am Ende des Jahres und in den Wintermonaten wieder deutlicher sichtbar wird.

Die Aufteilung in Gartenräume, wie ich es in England oft erlebt habe, war mein Anliegen von Anfang an, als ich 2003 versuchte, dem Garten ein unverwechselbares Gesicht zu geben. Dabei kam mir der Schattenbereich der hohen Bäume im hinteren Teil des Gartens zu Hilfe, da hier besonders meinen Lieblingen, den Hostas, ein optimaler Standort geboten wurde. Die Liebe zu den Funkien wurde mit meiner langjährigen Tätigkeit als Parkleiter geboren, da ich durch Pflanzenbörsen Bekanntschaften mit ganz besonderen Hosta-Verehrern und -Gärtnern gemacht habe. Ich denke da besonders an Frau Braun-Nauerz und Herrn Dr. Fischer aus Braunschweig, die die Hosta-Leidenschaft in mir entfachten.

Im Dezember hinterlassen die Hostas natürlich keinen besonders schönen Eindruck, da ich die Blätter an den Pflanzen belasse, übrigens auch als Schutzfunktion. Im Frühjahr lassen sie sich dann leicht entfernen. In der Nachbarschaft der Hostas jedoch haben sich die Elfenblumen, die Lenzrosen, Farne, immergrüne Gräser und wintergrüne Euphorbien noch etwas zu sagen und bereichern den Garten noch bis in die Frühjahrsmonate. Gerade die Elfenblumen mit der Sorte ‚Frohnleiten', die allen voranschreitet, begeistert mich immer wieder, da Blattfärbung und Zeichnung noch intensiver als bei anderen Sorten zu sein scheinen.

Natürlich mache ich mir Gedanken über den Winterschutz, gerade bei den empfindlichen Gehölzen, die der Klimawandel in die Gärten geschwemmt hat. Hier handle ich wirklich erst sehr kurzfristig, wenn unmittelbar stärkere Fröste im Anmarsch sind. Die Vliesbestände werden daher immer im Dezember überprüft und gegebenenfalls komplettiert.

► Steintrog-Szenerie im Dezember (oben); Elfenblumen und Muskateller-Salbei im Raureif (unten von links nach rechts)

Ich habe aus einer Sharon-Frucht eine Pflanze gezogen, sie ist 120 Zentimeter groß geworden und mittlerweile zwei Jahre alt. Wird sie Früchte bilden?

In Weinbauklimaten sind die Kaki-Bäume mit den begehrten Früchten ausreichend winterhart. Trotzdem sollten Sie sie vor dem Auspflanzen etwa drei Jahre in einem Kübel kultivieren. Sie erreichen bei uns unter günstigen Bedingungen eine Höhe bis zu fünf Meter, während sie in ihrer Heimat in Asien eine Höhe bis zu zehn Meter erreichen können. In Gegenden ohne Weinbauklima suchen Sie einen besonders gut geschützten Platz, damit die Bäume guten Wuchs zeigen und vor allem auch Fruchtertrag bringen. Wenn allerdings Temperaturen über −10 °C auftreten, wird es schwierig Kaki-Bäume zu kultivieren.

Die Befruchtungsverhältnisse der zweigeschlechtlichen Bäume sind einfach: Sie benötigen zur Blütezeit keine weiteren Pflanzen, das heißt, sie können auch allein kultiviert werden. Ich würde empfehlen, den Kaki-Baum nach drei Jahren an einen sonnigen und geschützten Standort auszupflanzen und in den ersten Jahren mit einem Winterschutz zu versehen. Der Boden sollte gut durchlässig sein und müsste gegebenenfalls mit Humus sowie mineralischen Bestandteilen verbessert werden. Zum Gießen ist kalkarmes Wasser zu empfehlen.

Die Kultur ist sicherlich eine Gratwanderung, kann aber durchaus mit viel Geduld von einem reichen Ertrag gekrönt werden, auch wenn wie bei Aprikosen nicht in jedem Jahr mit einem Ertrag zu rechnen ist.

Unter unserer Thuja-Hecke befindet sich Eichenlaub. Kann man das Laub liegen lassen? Ist die Nähe zu den Eichen gut?

Man sollte immer das richtige Maß finden. Wenn sich bei der Thuja-Hecke eine dicke Schicht Eichenlaub angesiedelt hat – welches ja bekanntermaßen viele Gerbstoffe enthält – kann es schon zu Wurzelschädigungen kommen, da der Luftaustausch fehlt. Dass der Wuchs der Thuja-Hecke abnimmt, je näher man der Eiche „auf den Leib" rückt, ist durch das Wurzelsystem erklärbar. Eichenlaub kann kompostiert werden, wenn es vorher geschreddert wird. Sonst dauert die Zersetzung sehr lange, oft mehrere Jahre.

In dem vorliegenden Fall plädiere ich für das Entfernen des Eichenlaubes an der Hecke, besser sind jährliche Kompostgaben und gründliches Wässern vor den ersten Herbstfrösten sowie in Trockenperioden.

Kann man jetzt noch Apfelbäume pflanzen?

Im Container gezogene Apfelbäume können bei frostfreiem Wetter das ganze Jahr über gepflanzt werden. Ich würde trotzdem die Frühjahrs- und Herbstmonate bevorzugen. Stellen Sie sich zum Beispiel vor, nach der Pflanzung im Sommer kommt eine lange Trockenperiode. Da ist es dann schwierig, die richtigen Wassergaben zu dosieren.

Wurzelnackte Obstbäume können ab Oktober bis März bei frostfreiem Wetter gepflanzt werden. Auch hier ist der Oktober/November die bessere Variante, da die Bäume dann auch in den Baumschulen zur Verfügung stehen. Sollte aus irgendeinem Grund der Apfelbaum zum Beispiel erst im Dezember gepflanzt werden, kann die späte Pflanzung durchaus erfolgreich sein. Wurzelnackte Apfelbäume werden in Gartenmärkten dann kaum noch angeboten. Die Baumschule in der Nähe aufzusuchen, ist immer eine gute Alternative. Dort finden Sie meist Sorten, die von regionaler Bedeutung sind.

Wie schneide ich Koniferenhecken?

Koniferenhecken können im Dezember durchaus noch geschnitten werden, wenn es keine einschneidenden Eingriffe und starke Verjüngungsmaßnahmen sind. Diese würde ich dann erst im zeitigen Frühjahr durchführen. Wenn für die Advents- und Weihnachtbinderei von Koniferen Zweige geschnitten wurden, sind nie irgendwelche späteren Schäden festgestellt worden. Wichtig ist immer ein gründliches Wässern der immergrünen Hecken, die auch im Winter Wasser verbrauchen.

Ich habe aus dem Urlaub von der Kanalinsel Jersey wild wachsende Amaryllis mitgebracht. Sie haben gut getrieben, aber schon das zweite Jahr nicht geblüht. Liegt das an der Überwinterung?

Es ist schon etwas verwirrend mit den Zwiebelgewächsen von den Kanalinseln: Pflanzliche Zwiebelmitbringsel von der Kanalinsel Guernsey sind meist die sogenannten Guernsey-Lilien, Nerine bowdenii. Wenn man von der Kanalinsel Jersey Zwiebeln mitbringt, sind es, wie in unserem Fall, meist die Jersey-Lilien, Amaryllis belladonna. Beide sind miteinander verwandt und kommen aus Südafrika. Kreuzung zwischen beiden sind die Amarinen, die von der Guernsey-Lilie die Schönheit und von der Jersey-Lilie die Wüchsigkeit mitgebracht haben. Auf den Kanalinseln wurden beide angesiedelt und fanden dort ideale Kulturbedingungen, bedingt auch durch die milden Winter. Da sie dort stellenweise verwildert sind, kann man schon faszinierende Blütenerlebnisse in der Natur bestaunen.

„Winterruhe einhalten."

Beide Zwiebelgewächse blühen im Spätsommer beziehungsweise im Herbst im blattlosen Zustand und werden ähnlich kultiviert. Wie bei vielen Zwiebelgewächsen sollte bei Freilandkultur der Boden humos und gut durchlässig sein. Da die Zwiebeln unzureichend winterhart sind, ist ein Schutz durch eine Laubschütte oder andere organische Materialien unerlässlich. Diese Überwinterungsmethode ist allerdings nur in klimatisch günstigen Lagen zu empfehlen.

Um die Pflanzen sicher über den Winter zu bringen, ist eine Topfkultur bei 10 °C und hellem Stand die bessere Variante. Trotzdem das Laub nach der Blüte gebildet wird und über den Winter präsent ist, sollte nur selten gegossen werden. Das gilt auch für die blattlose Zeit im Sommer. Erst mit Austriebsbeginn sollte mit Wasser und Nährstoffen nicht gegeizt werden. Da die Zwiebeln ganz empfindlich gegen Staunässe reagieren, ist eine gute Drainage wichtig.

Unsere Bromelie mit grünen Blättern hatte eine rote Blüte aus der Mitte, dem Trichter. Die Blüte ist vertrocknet. Kann ich diese abschneiden?

Bromelien sind Aufsitzerpflanzen mit Blatttrichtern und dazu relativ kleinen Wurzelsystem. Die Züchtung hat gerade bei den Vrieseen und Guzmanien viele prächtige Blütenpflanzen hervorgebracht, die mittlerweile bei Beachtung einiger weniger Regeln auch leicht zu kultivieren sind.

Sind die Blüten vertrocknet, stirbt auch die Blattrosette ab. Vorher bilden sich aber auch mehrere Tochterrosetten, die, wenn sie die Hälfte der Größe der Mutterrosette erreicht haben, abgetrennt werden können. Die vertrockneten Blütenstiele können entfernt werden.

Die Blatttrichter müssen immer mit kalkarmem, möglichst lauwarmem Wasser gefüllt sein. Im Winter kommen sie mit etwas weniger Wasser zurecht. Eher selten gedüngt werden die Wurzelbereiche. In den Sommermonaten reagieren Bromelien gut auf eine Kultur im Freien.

Wie epiphytisch wachsende Orchideen, können Bromelien auch in die Bäume oder Sträucher gehängt werden. Werden die Temperaturen kühler, kommen sie wieder an ihren angestammten Platz im Haus. Mit Beginn der Heizperiode sind sie für ein gelegentliches Besprühen mit lauwarmem Regenwasser dankbar.

Also: Der vertrocknete Blütenstiel sollte mit der eingegangenen Mutterrosette entfernt werden, um Platz für die Entwicklung der Tochterrosetten zu machen.

Vor 15 Jahren haben wir Scheinzypressen in eine Reihe gepflanzt. Sie gehen nach und nach ein. Auch mit nachgepflanzten haben wir kein Glück. Was tun?

Das kann mehrere Gründe haben: Oft werden die Gehölze für eine Hecke zu dicht gepflanzt, weil man den Sichtschutzeffekt der Hecken natürlich so bald als möglich erhalten möchte. Später, wenn die Gehölze größer geworden sind, gibt es dann oft Konkurrenzverhalten. Weiterhin ist ein mindestens einmaliger Schnitt im Spätsommer vonnöten, damit einem Vergreisen der Hecken vorgebeugt werden kann. Auch ein zweimaliger Schnitt im zeitigen Frühjahr und im Herbst ist zu empfehlen. Weiterhin muss bei immergrünen Hecken sowohl in Trockenperioden als auch vor dem Winter und bei mildem Wetter in den Wintermonaten ab und an durchdringend gewässert werden. Natürliche Niederschläge erreichen oft kaum den Wurzelbereich einer Hecke.

Also: Eine jährliche Düngung mit Koniferendünger, genügend Pflanzabstand und immer mal durchdringend Wässern ist für ein optimales Heckenwachstum von entscheidender Bedeutung. Bei Nachpflanzungen in die alte Heckenformation ist der Boden tiefgründig zu lockern und von alten Wurzelresten zu befreien. Ein Substratwechsel sollte in jedem Fall vorgenommen werden.

Unsere Gloxinie ist schon richtig alt und baut ab. Kann ich sie vermehren?

Die Sorge um Ihre schon in die Jahre gekommene Gloxinie ist verständlich, denn schon ein jahrelanges Kultivieren mit Blüherfolg fordert Respekt ab.

In der gärtnerischen Praxis erzielt man mit der Aussaat gute Erfolge. Diese Methode ist jedoch im privaten Bereich oft zu langwierig und man muss erst einmal den Samen ernten, wobei in dieser Phase die Pflanze ja auch nicht so attraktiv ist.

Eine Vermehrung der Gloxinien durch Teilen der Knollen ist dann doch die bessere Variante. An einem kühlen und trockenen Platz werden die Knollen bis zum Frühjahr gelagert. Im März werden sie dann in Stücke geteilt, gut angetrocknet und in Töpfen weiter kultiviert. Da die Gloxinien ohnehin jedes Jahr in gute Zimmerpflanzenerde umgetopft werden müssen, kann das Umtopfen mit dem Teilen kombiniert werden.

Eine weitere Möglichkeit ist die Vermehrung durch Stecklinge im Spätsommer. Mithilfe von Bewurzlungspulver und warmem Stand bei etwa 25 °C in gespannter Luft lassen sich die Blattstecklinge gut bewurzeln. Da diese Methode aber hohe gärtnerische Kunst verlangt, ist die Teilung der von nicht immer mit Erfolg gekrönten Stecklingsvermehrung vorzuziehen. Es ist eher die Ausnahme, dass man sich mit der Vermehrung von Gloxinien beschäftigt.

Claudia Look-Hirnschal hat erzählt …

…, DASS SIE EIN FAN DER CHRISTROSEN SEI:

„Die Christrose wird auch Schneerose genannt, warum ist klar: Die weißen Blüten erinnern in dieser Zeit natürlich an Schnee. Nieswurz wird sie auch genannt, weil aus den Pflanzen früher Niespulver und Schnupftabak hergestellt wurde. Das macht man heute nicht mehr und sollte man auch nicht tun, denn die Blätter und Wurzeln sind hochgiftig. Es gab deshalb bei der Verwendung von Christrosen immer wieder Todesfälle. Tatsächlich wurde die Christrose als chemische Waffe eingesetzt: 600 vor Christus wurden zum Beispiel mit den Wurzeln der Christrosen Wasservorräte bei der Belagerung von Kirrha vergiftet, was dann die Soldaten außer Gefecht setzte. Aber Christrosen sind vor allem schöne Pflanzen, die zauberhaft und lange blühen. Sie sind frosthart und nichts fürs warme Wohnzimmer. Da gehen sie schnell kaputt. Sie brauchen es schon kühl. Eine meiner Lieblingssorten ist zum Beispiel ‚Joseph Lemper', die schon früh ihre Knospen öffnet, meist schon im Dezember. Deshalb wird sie auch als ‚Weihnachts-Christrose' bezeichnet. Diese Sorte hat sehr große Blüten. Für besonders ungeduldige Christrosenfans eignet sich ‚HGC Jakob' – sie blüht bereits im November.

Die immergrüne Christrose eignet sich auch gut zur Bepflanzung von Töpfen oder Kübeln. Meine absolute Lieblingschristrose ist die Sorte ‚Schneeball' mit gefüllten Blüten: Wunderschön, aber selten. Das ist übrigens auch eine schöne Geschenkidee für Hobbygärtner! Verschenken Sie doch einfach mal eine Christrose …"

Die Alpenveilchen blühten die ersten acht Tage sehr schön, dann ließen sie die Blätter hängen und welkten. Sie wurde von unten gewässert und gedüngt. Wo liegt der Fehler?

Neben dem Weihnachtsstern sind im Dezember die Alpenveilchen, die nach wie vor allen Trends ein Schnippchen schlagen. Sie sind die Stars in der Weihnachtszeit und in den Wintermonaten. Wenn die Blätter anfangen, schlaff herunterzuhängen und zu welken, ist das ein Zeichen für einen zu warmen Standort. Obwohl die Züchtung schon viel getan hat, um diese schöne Blühpflanze in den Wohnbereich zu holen, sollten Temperaturen um maximal 15 bis 18 °C garantiert werden.

Für das geheizte Wohnzimmer empfiehlt sich das Alpenveilchen also nicht. Dafür können sie in Treppenhäusern, Schlafzimmern oder auch am Küchenfenster lange blühen, wenn Sie einige Pflegetipps beachten: Der Wurzelballen sollte in der Blühphase immer mäßig feucht gehalten werden, also weder zu trocken noch zu feucht. In der Regel haben sie zu nasse Füße. Auf den Übertopf sollte man verzichten. Im Gegensatz zu vielen anderen Zimmerpflanzen ist eine wöchentliche Düngung in den Wintermonaten nach dem Motto „Dünge wenig – aber oft!“ zu empfehlen.

Die im Ansatz sichtbaren Knospen können sich dann gut entfalten. Wer die Möglichkeit hat, sollte mit lauwarmem Regenwasser gießen. Fehler in der Kultur, gerade während der Verkaufsphase im Gartencenter oder in Supermärkten, sind oft schwer wieder auszubügeln.

Mein Bartfaden blüht im Dezember immer noch, soll ich ihn abschneiden? Wie winterhart ist er?

Der Bartfaden (Penstemon) mit seinen leuchtenden Farben ist eine wesentliche Bereicherung des sommerlichen Staudengartens.

Eine meiner Pflanzenbekannten aus Berlin bekam wegen ihrer Leidenschaft zu dieser schönen Staude den treffenden Namen „Mrs. Penstemon“ verliehen. Sie hatte schon mit über 80 gesammelten, verschiedenen Arten und Sorten begriffen, dass diese Pflanze sich einen Weg in die Zukunft bahnen würde.

Die Winterhärte muss getestet werden, wobei zunächst ein leichter Winterschutz vorteilhaft ist. Wenn der Bartfaden in Dezember noch blüht, was eher sehr selten der Fall ist, ist ein Rückschnitt tatsächlich schon versäumt worden, da sich die Staude dann besser bestockt und den Winter besser übersteht. Da sie in der Regel ihre Blüte im Oktober beenden, ist also ein unmittelbarer Rückschnitt danach angebracht. Bis dahin sind die Samenkapseln regelmäßig zu entfernen. Ein gut drainierter Boden verbessert außerdem die Chance, dass die Stauden im Frühjahr wieder besser austreiben.

Meine Porzellanblume steht am Südfenster und trägt seit einigen Monaten eine Frucht, die aussieht wie eine große Pflaume. Ist das normal?

Es ist immer ein Zeichen für gute Pflege, wenn eine Zimmerpflanze blüht und fruchtet. In der Regel entfernt man diese Früchte, da diese die Pflanze schwächen können.

Wenn die Porzellanblume eine pflaumenähnliche Frucht bildet, ist das eher eine seltenere Erscheinung. Mein Rat: Erfreuen Sie sich an der Frucht, nutzen Sie diese als Vorzeigeobjekt und entfernen Sie die Frucht, wenn sie unansehnlich wird.

Die Vermehrung der süßlich duftenden Porzellanblume mit den typischen Blüten und schönem zum Teil panaschierten Blattwerk ist im Frühjahr leicht über Stecklinge zu realisieren, wenn diese bei 20 °C gehalten werden. Der Samen in der Frucht wird höchstwahrscheinlich nicht ausreifen und selbst dann wäre die Anzucht zu zeitaufwendig.

Der Zwergrhododendron soll auf dem Balkon überwintern, hat aber schon viele Knospen. Wie kann ich ihn im Winter schützen?

Im Spätherbst kann man oft günstig Zwergrhododendren in den Gartenmärkten erwerben, die vor lauter Knospenbildung bald zu „platzen" scheinen. Die Versuchung zum Kauf ist dann groß, da die Vorstellung einer voll blühenden Pflanze im Frühjahr zu verlockend ist.

Um das Zwerggehölz gut über den Winter zu bringen, sollte es in Rhododendronsubstrat in größere Töpfe gepflanzt und im Garten eingesenkt werden. Das Substrat sollte bei offenem Wetter ab und an gegossen werden, es darf keineswegs austrocknen. In unserem Fall ist das Gehölz noch nicht eingewachsen, hat also noch keine Wurzeln in das umgebende Erdreich gebildet. Hier ist besondere Aufmerksamkeit geboten.

Eingewachsene Pflanzen im Rhododendron-Beet haben es einfacher: Ein Schutz mit Fichtenreisig oder Vlies ist einzuplanen, wenn mit strengeren Frösten zu rechnen ist. Auf dem Balkon lohnt es sich, nach dem Umtopfen in einen größeren Topf, ihn auf eine Polystyrolplatte zu stellen, mit Noppenfolie einzuwickeln und mit einem Vlies zu schützen. Mit etwas Glück – Lehrgeld ist mit einzuplanen – erfreuen uns die üppig blühenden Zwerge dann im Frühjahr.

Die Äpfel haben Flecken, die bei mehreren Sorten festzustellen sind. Was kann man tun?

Diese Fleckenbildung bei Äpfeln ist unter dem Namen „Stippigkeit" bekannt und gefürchtet. Oft sind die Äpfel nicht mehr genießbar und der Ertrag eines Jahres verloren.

Kalziummangel wird allgemein als Ursache der Stippigkeit angegeben. Auf Sortenunterschiede gilt es beim Apfelbaumkauf zu achten, da es auch resistente Sorten gibt. Die anfälligen Sorten, die ja oft schon im Garten vorhanden sind, können durch durchdringendes Wässern, regelmäßige Schnittmaßnahmen sowie Spritzungen mit Kalzium-Präparaten als Blattdüngung vor dieser Mangelerscheinung bewahrt werden. Auch durch ein Überangebot von Kalium und Magnesium kann die Aufnahme von Kalzium blockiert werden. Es ist also ein Maßnahmenkomplex zu beachten, wobei die Wahl resistenter Sorten wohl die einfachste Lösung zu sein scheint.

Die immergrüne Magnolia grandiflora ist noch wunderschön grün. Von unten schütze ich sie mit einem Vlies. Brauchen die Blätter auch einen Schutz?

Wer kennt sie nicht, die beeindruckenden immergrünen Magnolien mit den großen weißen, wohlriechenden Blüten. Ob am Gardasee oder in England, hier sogar als Spalier an alten Häuserfronten gezogen: Dem Zauber dieser prachtvollen Pflanzen kann man sich kaum entziehen. Deshalb ist der Wunsch auch verständlich, zum Beispiel den Vorgarten mit einer Magnolia grandiflora zu schmücken, um auch die anerkennenden Blicke der Vorübereilenden zu erhaschen.

Leider ist der Weg dahin ein steiniger, zumindest in vielen Gegenden Deutschlands – von den begünstigten Klimazonen westlich von Rhein/Main und ähnlichen Regionen abgesehen. Das Ergebnis eines Versuchs, das immergrüne Gehölz in Weimar anzusiedeln, kann man auf beiliegendem Foto ersehen. Es ist schon ein kleines Wunder. Dieses Gehölz ist zwar nicht optimal gewachsen, aber in dieser Größe hier zu erleben.

Die Magnolia grandiflora zu erwerben, ist kein Problem. Neben vielen mediterranen Pflanzen werden sie in Gartenmärkten regelmäßig meist als junge Pflanzen von einem Meter Höhe angeboten. Winterschutz ist also in den ersten Jahren notwendig. Mit dicken Mulchen, Einbinden der gesamten Pflanze mit mehreren Vlieslagen bei Frösten und ausreichender Wasserversorgung bei offenem Wetter, dürfte es gelingen, die Gehölze über den Winter zu bringen. Obwohl die Magnolien leicht sauren Boden bevorzugen, so sind sie doch relativ kalktolerant, was ihrer Verbreitung zugute kommt. Auch als Kübelpflanze empfiehlt sich Magnolia grandiflora, wenn die Möglichkeit besteht, sie hell und kühl zu überwintern.

Soll der Gewürzlorbeer im Topf abgeerntet werden oder kühl stehen bleiben?

Zur Überwinterung von Gewürzlorbeer genügen Temperaturen zwischen 5 und 10 °C an einem hellen Standort. Versuche meinerseits, einen ausgepflanzten Gewürzlorbeer im Freien zu überwintern, scheiterten bis auf wenige Ausnahmen.

Wenn ein heller und kühler Standort für den Topf vorhanden ist, gelingt die Überwinterung nur dann, wenn man die Wasserversorgung im Griff hat. Wie Rosmarin reagiert Gewürzlorbeer bei trockenen Wurzelballen – sollte der Blick in das Winterquartier mal größere Pausen aufweisen – mit baldigem Braunwerden der Blätter. Geerntet, das heißt, geschnitten wird im Winterquartier nur dann, wenn man ihn zum Kochen braucht.

Im Frühjahr kann man ihn gut zurückschneiden, was bei Formschnittgehölzen aus Lorbeer ohnehin notwendig ist. Wenn man wie in England vor sechs bis acht Meter hohen Gewürzlorbeerbäumen steht, die dann noch mit den gelblichen Blüten aufwarten, darf man schon beeindruckt sein.

Unsere Hawaii-Palme blüht im Winter und verliert im Sommer die Blätter. Was kann ich tun?

Hawaii-Palmen, die eigentlich keine Palmen sind und zu den Glockenblumengewächsen zählen, sprechen schon den versierten Pflanzenliebhaber an. Sicher auch deshalb, da im Gegensatz zu vielen anderen Zimmerpflanzen die Hawaii-Palmen im Sommer eine Ruhephase einlegen und die Hauptwachstums- und Blütezeit in den Herbst- und Wintermonaten liegt. Es ist deshalb nicht verwunderlich, dass im Sommer die Blätter komplett abgeworfen werden.

Die nicht einfach zu kultivierende Stammsukkulente benötigt einen hellen Standort ohne direkte Sonneneinstrahlung. Blattwurf ist meist ein Zeichen von zu kühler Temperatur. Da sie auch als Vulkanpalme bezeichnet wird, sollte dem Substrat Lavagrus oder Blähton als mineralische Bestandteile zugegeben werden. Beim Gießen gleichen die Ansprüche denen der meisten Zimmerpflanzen: Ein bis zweimal pro Woche und im Winter einmal wöchentlich Gießen reicht in der Regel aus. Staunässe muss in jedem Fall vermieden werden.

In der Wachs- und Blühphase im Winter ist es vorteilhaft, im vierwöchigen Abstand mit einem Kakteendünger zu düngen.

Alles in allem ist die Hawaii-Palme mit den gelben Blüten und dem sukkulenten Stamm mit den hellgrünen Blättern eine stattliche Erscheinung und für den Pflanzenliebhaber allemal eine Herausforderung.

Muss Winterjasmin geschnitten werden?

Ein Schnitt des Winterjasmins ist in jedem Fall zu empfehlen, da die Blüte an den einjährigen Trieben erfolgt. In der Praxis habe ich es eher selten erlebt, dass Winterjasmin in den Gärten geschnitten wird. Es ist schon erstaunlich, dass er auch ohne Schnitt Jahr für Jahr blüht.

Ein Ausdünnen abgestorbener Zweige nach der Blüte ist vorteilhaft. Empfohlen wird auch ein Rückschnitt im April auf etwa ein Fünftel der Trieblänge. Damit wird der Winterjasmin zu neuem Wuchs angeregt. Wenn bisher beim Winterjasmin die Schere im Regal ruhte, sollte zunächst ein Auslichtungsschnitt nach der Blüte reichen.

DER AUTOR

Im Nachkriegswinter 1946 geboren, verbrachte Horst Schöne seine Kinder- und Jugendjahre in einem Bauerngehöft in der Sächsischen Schweiz. Sehr zeitig wurde er dort mit den Mühen und Reizen einer einzelbäuerlichen Wirtschaft konfrontiert.

Frühe Naturerlebnisse in Form von blühenden, artenreichen Wiesen, interessanter Feldrain- und Teichflora sowie die Berglandschaft des Elbsandsteingebirges prägten das Naturverständnis des vielseitig interessierten Heranwachsenden. Gleich im Anschluss an die Gärtnerlehre mit Abiturabschluss studierte Horst Schöne an der Humboldt-Universität zu Berlin Gartenbau, wobei der Zierpflanzenbau im Vordergrund stand. Die Bekanntschaft mit dem passionierten und namhaften Gärtner Karl Foerster begann kurz nach Studienbeginn und setzte für den beruflichen Werdegang wichtige Akzente.

Nach dem Studium begann Horst Schöne im VEG Saatzucht Baumschulen Dresden eine Tätigkeit in der zentralen Leitung. 1978 bot sich die Gelegenheit, tatsächlich das Hobby zum Beruf zu machen. Auf der Internationalen Gartenbauausstellung in Erfurt übernahm der Fachmann die Pflege des alten Parkteiles, insbesondere der Staudengärten. Mit einem kleinen Gärtnerteam gelang es, den Zustand der Anlagen zu verbessern.

Nach der Wende wurde Horst Schöne als Parkleiter die Pflege des gesamten verbleibenden Geländes des heutigen ega-Parks übertragen. Damit eröffnete sich die Gelegenheit der Aneignung von Kenntnissen in vielen Gartenbereichen bis hin zur tropischen Pflanzenwelt. Dieses Wissen half ihm bei der botanischen Begleitung von weit über 40 Gartenreisen, die ihn seit 1995 in Traumgärten vieler europäischer Länder führen.

Als vielseitiger Gesprächspartner im „MDR Garten“ vermittelte unser Autor lange Jahre sein Wissen an die Fernsehzuschauer. Zudem beantwortet er seit mehr als 17 Jahren im „MDR THÜRINGEN Das Radio“ Fragen zu allen Themen des Gartens.

Ab 2008 in den „Unruhestand“ gewechselt, halten der große eigene Garten, Gartenreisen, Vorträge und viele weitere Aktivitäten den Gärtner aus Leidenschaft in Atem.

Claudia Look-Hirnschal war fast 16 Jahre lang Redakteurin und als Moderatorin das Gesicht der Fernsehsendung „MDR Garten“. Mit Horst Schöne war sie gemeinsam die Stimme des „Grünen Telefon“, das mindestens einmal pro Monat im „Radio-Garten“ klingelt. Die gebürtige Dessauerin studierte Germanistik und Sprechwissenschaft, 1984 begann sie ihre Radiokarriere, seit Gründung des MDR gehörte sie zum Funkhaus und ab März 2000 moderierte sie den MDR Garten. Im Frühjahr 2016 erkrankte sie schwer, im Januar 2018 ist sie kurz nach ihrem 56. Geburtstag der Krankheit erlegen.

DANK

Herzlichen Dank an …

… Claudia Look-Hirnschal für ihre Gartengeschichten

… Cornelia Höchstetter, meiner Lektorin

… den MDR, das Moderatorenteam, die Mitarbeiterinnen des Hörer- und Programmservice und Frau Raabs

… dem Verlag LV.Buch, besonders Frau Sommer auch für das neue Erscheinungsbild

… Annette Altmann für das Lesen des Manuskriptes

… meine Frau, die mir wieder tatkräftig zur Seite stand

STICHWORTVERZEICHNIS